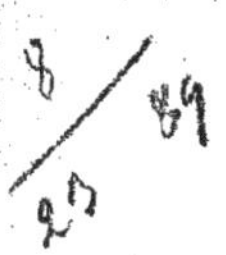

AF612746

ORGANISATION

TECHNIQUE ET COMMERCIALE

DES USINES

D'après les Méthodes Américaines

(SYSTÈME TAYLOR)

PAR

PAUL NÉGRIER

Ingénieur des Arts et Manufactures

PRÉFACE DE VICTOR CAMBON

Ingénieur des Arts et Manufactures

PARIS

H. DUNOD ET E. PINAT, ÉDITEURS

47 et 49, Quai des Grands-Augustins

—

1918

ORGANISATION

TECHNIQUE ET COMMERCIALE

DES USINES

ORGANISATION
TECHNIQUE ET COMMERCIALE
DES USINES

D'après les Méthodes Américaines

(Système TAYLOR)

PAR

PAUL NÉGRIER

Ingénieur des Arts et Manufactures.

Préface de VICTOR CAMBON

Ingénieur des Arts et Manufactures.

PARIS

H. DUNOD et E. PINAT, ÉDITEURS

47 et 49, Quai des Grands-Augustins

1918

PRÉFACE

Le Taylorisme a déjà provoqué en France une abondante littérature ; il s'en faut de beaucoup cependant qu'elle suffise à satisfaire les désirs des industriels français, aujourd'hui résolus à le mettre en action.

La plupart de ces ouvrages sont des traductions des œuvres de Taylor lui-même, ou de ses élèves américains, et, sans vouloir rabaisser le mérite du novateur génial que fut W.-F. Taylor, on peut répéter après le plus éminent apôtre français de sa méthode, M. le professeur H. Le Chatelier, « que Taylor, par le défaut de clarté et le manque d'ordre de ses publications, retarda beaucoup le triomphe de ses idées ».

Cet ordre admirable que le célèbre ingénieur de Philadelphie réalisa dans les opérations industrielles, il ne sut pas le mettre dans ses écrits.

C'est au point que, après les avoir laborieusement compulsés, maint homme sérieux et convaincu de l'excellence du système nous demande encore de lui en expliquer le principe et les moyens de l'adapter à son exploitation.

∴

Le taylorisme comporte à la fois une discipline d'esprit et une méthode de travail, et il sera toujours vain de tenter l'application de la méthode sans s'être imprégné tout d'abord de l'esprit qui doit la diriger.

Je ne considère point du tout comme paradoxale l'opinion de ceux qui ont prétendu que, pour tayloriser une entreprise, il faut se placer dans la même mentalité vis-à-vis des éléments matériels existants que Descartes quand il composa son immortel *Discours sur la Méthode* : à savoir que l'on doit faire table rase des traditions, des habitudes, des outils, de l'empirisme avec lesquels on a travaillé jusque-là.

Qu'on me permette de rappeler les quatre lois que notre grand philosophe et mathématicien du XVIIe siècle se flattait d'imposer à son entendement :

« Ne jamais recevoir aucune chose pour vraie que je ne la connaisse évidemment telle. »

« Diviser chacune des difficultés que j'examine en autant de parcelles qu'il se peut et qu'il est requis pour les mieux résoudre. »

« Conduire par ordre mes pensées, en commençant par les objets les plus simples et les plus aisés à connaître, pour monter peu à peu, comme par degrés, jusqu'à la connaissance du plus composé. »

« Faire partout des dénombrements si entiers, et des revues si générales que je sois assuré de ne rien omettre. »

Taylor a-t-il connu l'œuvre de Descartes? Je l'ignore; mais ceux qui étudieront le présent livre pourront se convaincre que le premier initiateur aux procédés rationnels de travail était français et vivait il y a 300 ans.

Bien plus près de nous on pourrait trouver dans la célèbre *Introduction à l'Étude de la physiologie* de Cl. Bernard, le type le plus accompli de la méthode rationnelle à appliquer aux recherches et aux travaux scientifiques.

* * *

Observer, comparer, réfléchir, calculer, et agir en conséquence, tel est le travail intellectuel, initial et nécessaire pour tayloriser une entreprise. Tant que le chef ne s'en acquittera point, c'est vainement qu'il invoquera le concours technique des spécialistes les plus expérimentés.

Le taylorisme n'est donc point une panacée que l'on applique comme un vésicatoire ou une opération chirurgicale sur une usine malade, afin de la guérir ou de la tonifier ; il est bien plutôt un régime étudié, un changement de vie radical, qu'il faut instituer avec autant d'intelligence que de ténacité.

Au cours de ses trente années de travaux et d'essais, le but inlassablement poursuivi par Taylor fut d'obtenir du personnel et de l'outillage d'une entreprise donnée des augmentations de rendement.

Si, de l'Atlantique au Pacifique, cette préoccupation hantait la plupart des cerveaux américains, il fut le premier à lui donner une réalisation *scientifique*, ce mot étant pris dans un sens que notre langue exprimerait plus exactement par *rationnelle*.

Ses études portèrent simultanément sur les hommes et sur les outils, et furent marquées par une suite ininterrompue d'expériences, dont les résultats forment aujourd'hui, à la fois, un code de procédés et une méthode déterminée de travail.

A quoi faut-il attribuer que les intentions et le but même poursuivi par Taylor aient été si méconnus, ou plutôt si étrangement dénaturés en certains pays et particulièrement en France dans le monde du travail ?

Jusqu'à ce jour, ou plutôt jusqu'à la guerre, les méthodes

de Taylor ont soulevé, suivant les pays, des appréciations diverses. Aux États-Unis, on peut affirmer que leur influence a gagné le monde industriel presque entier, non pas que les chefs d'usine se reconnaissent tous pour disciples du maître, mais parce qu'ils sont, sans le vouloir, imprégnés du même esprit et que tout en déclarant qu'ils ne suivent pas ses procédés, ils en appliquent de semblables, pour ne pas dire d'identiques. D'ailleurs depuis nombre d'années l'organisation scientifique du travail, — le *scientific-management*, — est enseignée dans toutes leurs écoles techniques.

Chez les Anglais, le peuple traditionaliste par excellence, l'influence taylorienne s'était encore peu fait sentir; ce n'est que depuis l'ouverture des hostilités que l'Angleterre, secouée d'une trop longue quiétude, se prépare à moderniser ses méthodes industrielles.

Par contre les Allemands ont, les premiers, étudié, commenté et adopté, toutefois en les démarquant, les grands principes énoncés par Taylor et ses disciples. L'incomparable organisation de nos ennemis en est une rigoureuse application.

Quand on se remémore les vastes installations de K. Zeiss à Iéna, de l'A. E. G. à Berlin, de F. Bayer à Leverkusen, l'organisation de la Librairie à Leipzig, et de l'exportation à Hambourg, la méthode de comptabilité dans les grandes firmes, les ateliers de montage mécanique où toutes les pièces sont chronométriquement apportées aux monteurs, on se rend compte que les profiteurs les plus avisés de l'*Organisation scientifique des usines*, furent les Allemands. Par là, s'explique leur énorme capacité de productions pendant cette guerre, où ils luttent contre les trois quarts du monde civilisé, et où, comme chez nous, la plupart des éléments actifs du pays sont mobilisés. La préparation de la guerre, les moyens de transport et d'offensive, et jusqu'aux procédés universels d'intrigues et d'espionnage, dérivent de la même conception.

En France, rien de semblable n'est encore apparu. Et même, dans beaucoup de milieux le taylorisme rencontre une défaveur marquée. Maints livres ont été écrits, et une propagande tenace se démène pour nous en détourner.

On éprouve de graves appréhensions pour l'avenir de notre pays à suivre les évolutions de cette funeste campagne. Avant d'exposer les motifs réels de cette hostilité, voyons d'abord les prétextes par lesquels on tâche de la justifier.

Les adversaires du taylorisme concentrent leurs attaques sur un seul point de l'organisation déterminée par Taylor : le chronométrage. Ils disent que cet ingénieur *inhumain* n'a eu en vue que l'épuisement rapide du travailleur pour le plus grand profit de son patron, alors que toute la vie, toute l'œuvre, *tous les résultats de ses méthodes démontrent mathématiquement le contraire.*

Avant Taylor, en Amérique, tandis que l'ingénieur étudiait avec le plus grand soin, au moment de les acheter, l'efficacité, la qualité, la robustesse des machines dont il avait besoin, nul ne s'inquiétait guère des aptitudes variables des ouvriers qu'il embauchait. Ainsi en est-il encore à peu près dans nos industries attardées.

Cette étude physique et psychologique, si importante cependant, du travailleur est presque complètement négligée chez nous ; on ne l'enseigne pas dans les cours, on n'en tient pas compte dans les ateliers ; le choix, la conduite et le renvoi des ouvriers sont confiés à un contremaître que rien n'a préparé à la tâche délicate de savoir mener des hommes.

Il semble que, pour certains industriels, le cerveau et

les muscles humains soient une sorte de mécanique à tout faire qui donne un temps et un labeur exigés contre une rémunération, non pas proportionnée à ce travail, mais aussi réduite que possible, quel que soit le rendement obtenu.

C'est contre cette tradition antisociale que Taylor s'est insurgé et qu'il a formulé toute sa doctrine. L'étude de son œuvre le démontre avec une éclatante évidence.

La recherche fondamentale de Taylor a été *la meilleure utilisation de l'homme dans le travail librement accepté*. Pour y parvenir, il s'est livré à des expériences innombrables, à des calculs patients pendant des années, et il en a extrait un certain nombre de lois dont les applications sont infiniment variées. Et alors parce qu'il prit soin de chronométrer le temps nécessaire à telles ou telles opérations manuelles, dont, avant lui, la durée était indéterminée et dépendait de la vigueur, de la résistance ou de l'application de l'ouvrier, que ses essais poursuivis sur un grand nombre d'individus ont fait apparaître entre eux, comme on pouvait s'y attendre, de sensibles différences, on a voulu y voir l'obsession de considérer l'homme comme une machine que le patron, fort des chiffres obtenus, avait le droit de surmener à son profit jusqu'à la briser.

Or, il n'est pas une page des livres de Taylor qui ne contienne des affirmations contraires. Qu'on lise la première phrase par où débute *l'Organisation scientifique des usines*.

« *L'objet principal d'une organisation bien comprise doit être d'assurer à l'employeur et au personnel la prospérité maxima;* ce mot étant pris dans le sens le plus large pour exprimer, non seulement de gros bénéfices pour le patron, mais encore le développement intégral de l'affaire.

« De même, la prospérité maxima pour chaque employé ne consiste pas seulement dans un salaire plus élevé que celui des hommes de valeur égale, mais surtout dans le moyen, pour chacun, d'atteindre son rendement maximum! »

Et plus loin :

« Avec l'organisation scientifique, les intérêts véritables des deux parties sont les mêmes ; *la prospérité de l'employeur ne peut durer que si elle est accompagnée de celle de l'employé...* »

« Il est évident que la plus grande prospérité pour les deux parties sera atteinte, lorsque le travail exigera la dépense minimum d'effort humain. »

Enfin cette dernière proposition, qui vise l'aboutissement des recherches de Taylor : « Le but vers lequel doivent tendre les directeurs d'usine et le personnel ouvrier doit être de former chaque individu de manière à lui faire exécuter *le travail qui convient le mieux à ses aptitudes naturelles* ».

*
* *

Bornons-nous à réfuter quelques-uns des sophismes les plus courants et les plus paradoxaux des détracteurs de Taylor, parmi lesquels il en est qui se prévalent, pour contredire ses expériences précises et consciencieuses de vingt-cinq années, de soi-disant essais de laboratoires!

On sait que l'une des premières initiatives de Taylor, à Bethléem, fut de s'occuper d'une manœuvre bien élémentaire, le chargement sur wagon de gueuses de fonte produites par l'usine. Ce chargement se faisait alors à bras; soixante-quinze hommes y étaient employés; la moyenne de leur travail était de 12 tonnes et demie par ouvrier. Taylor choisit l'un d'entre eux qui consentit à se soumettre à tous les essais que l'ingénieur lui demanderait.

En faisant faire à cet homme des mouvements judicieusement étudiés, lui prescrivant une allure déterminée, alternant des périodes de travail et des temps de repos, Taylor parvint à faire charger par cet ouvrier 47 tonnes au lieu de 12 et demie, sans augmenter sa fatigue. Puis, soumettant ensuite aux mêmes prescriptions tous ses camarades, il en dut éliminer 66 sur 75 comme impropres à ce travail. Ce fut son premier pas dans la recherche méthodique des aptitudes individuelles.

Sur quoi le détracteur s'indigne et s'apitoie sur le sort de ces soixante-six *pauvres diables*, sans s'apercevoir que *l'acte le plus inhumain est précisément de faire exécuter à des ouvriers un travail au-dessus de leurs forces*, alors qu'on pourrait les affecter à un autre.

La *sélection* et l'*adaptation des travailleurs* à des besognes adéquates à leurs facultés est précisément une des maîtresses branches du taylorisme. Au lieu d'abandonner cette recherche aux improvisations et aux tâtonnements de chaque maître d'industrie, Taylor a constitué, à la suite de nombreuses expériences, un corps de doctrine précis et pour ainsi dire mathématique, qui permet d'arriver d'emblée au résultat.

Ce n'est là, sans doute, qu'un des compartiments de la méthode, car elle s'applique à toutes les parties de n'importe quelle exploitation, aussi bien à la comptabilité qu'à la fabrication, à la direction qu'au bureau de dessin et à la vente des produits.

Relativement au travail humain, disons, puisque c'est le cheval de bataille des opposants, que le principe fondamental est de n'imposer à aucun ouvrier des mouvements superflus ou déplacés ; il faut arriver à leur faire faire des mouvements auxquels ils soient *habitués*. *Les mouvements auxquels on est habitué ne fatiguent pas le cerveau et très peu le corps*. Ces deux propositions s'appuient sur des constatations de physiologie.

Prenons un exemple à la portée de tous.

Quand un apprenti cycliste commence ses premiers essais, il se fatigue énormément. Pourquoi? Parce qu'il exécute des mouvements mal coordonnés, des mouvements dans lesquels il met en action des *muscles antagonistes*, ce qui produit de la raideur. La raideur est le fait, pour un mouvement musculaire, d'être produit à la fois par le muscle qui doit exécuter le travail, tandis qu'un autre muscle tend à enrayer l'action du premier, de telle sorte que, pour un travail donné, il intervient quantité de muscles inutiles au mouvement et dont les efforts, se contrariant, déterminent vite une sensation pénible de fatigue. Le cerveau commande avec maladresse l'organisme.

L'habitude confère l'avantage de ne faire travailler que les muscles nécessaires à l'exécution des mouvements prescrits par le cerveau; les muscles antagonistes n'entrent plus en action.

L'habitude, outre qu'elle assure moins de fatigue au corps, supprime toute fatigue au cerveau. Les physiologistes définissent l'habitude, *l'art de faire passer le conscient dans l'inconscient*. A partir du moment où l'on fait un mouvement par habitude, on ne pense plus du tout à ce mouvement, et on peut songer à tout autre chose.

Les ouvriers qui exécutent du travail en série, c'est-à-dire avec des mouvements toujours identiques, ont toute la liberté de penser à perfectionner la machine sur laquelle ils travaillent, afin de diminuer encore la somme d'efforts nécessaires à l'exécution des objets. Et l'on peut dire que c'est là l'occupation d'esprit préférée des ouvriers américains.

En somme, on doit définir la méthode Taylor, au point

de vue du facteur humain, *l'application rationnelle des procédés par lesquels l'homme fournira, à fatigue égale, la plus grande somme de travail utile.*

Et quand on entre dans le détail de cette application, on s'aperçoit que l'homme qui, dans l'exploitation, a le plus de peine à se donner pour implanter et mettre au point le système Taylor, ce n'est pas l'ouvrier, mais le patron.

Quand on visite des usines aménagées rationnellement aux États-Unis, et elles sont innombrables, on est frappé du soin minutieux avec lequel sont répartis, au personnel, l'éclairage, la propreté, la ventilation, le chauffage, et même en été le refroidissement des locaux. L'influence de ces éléments sur la santé des travailleurs et sur la valeur en quantité et en qualité de leur travail a été reconnue considérable.

Ainsi, non seulement les ateliers sont alimentés constamment d'air filtré, et chauffé en hiver, mais pendant les chaleurs de l'été, ce même air est ramené artificiellement à une température de 15 à 18°, grâce à une circulation méthodique à travers des canalisations réfrigérées. La promenade la plus agréable que l'on puisse faire à New-York ou à Philadelphie, par une journée de grosse chaleur, est la visite d'une manufacture.

Aucun des adversaires de Taylor n'a signalé cette attention humanitaire qui procède au premier chef de l'application de sa méthode.

* * *

Dans un ouvrage, tel que celui-ci, qui n'est point d'un caractère purement technique, mais où les faits psychologiques doivent être envisagés au même rang que les problèmes de mécanique appliquée, nous avons le devoir de rechercher les causes réelles de l'aversion qu'on s'efforce d'inculquer au monde du travail contre le taylorisme.

Celui qui, avant la guerre, alors que nous connaissions si mal nos ennemis, aurait prétendu que cette hostilité fut une suggestion allemande, eût été traité de visionnaire. Aujourd'hui que tout le monde a pu apprécier leurs procédés, leurs préparatifs cauteleux, en temps de paix, leurs efforts tenaces à substituer les productions allemandes aux nôtres, on se refusera sans doute moins à tenir cette présomption pour raisonnée : On sait l'influence qu'exerçait la sozialdémocratie germanique sur nos organisations ouvrières. Or quand on voit les résultats prodigieux qu'assure à toute entreprise une taylorisation bien conçue et judicieusement exécutée, on comprend que l'intérêt manifeste des Allemands était de nous empêcher d'adopter des méthodes qui nous auraient permis de concurrencer leurs industries. Tout porte à croire qu'elles s'y sont employées. Et la suggestion survit à la rupture des relations.

Il faut reconnaître en même temps qu'elle est entretenue grâce à des erreurs commises ici et là par quelques patrons.

Parmi ceux qui ont essayé le système Taylor certains ont échoué faute d'intelligence et de ténacité, soit de leur part, soit de leurs sous-ordres; d'autres, au contraire, ont réussi, et même trop bien. Il est alors arrivé que les salaires de base du personnel intéressé se sont trouvés tellement accrus par les primes à la production, que les patrons ont été épouvantés de l'énormité de ces rémunérations, et qu'ils ont arbitrairement diminué les prix de base et les primes. Quiconque a opéré ainsi a détruit de ses propres mains le merveilleux instrument de prospérité qu'est le système Taylor, parce qu'il a égoïstement faussé la conception de son créateur. La pensée maîtresse de Taylor étant que le surcroît de production profite aussi équitablement à l'employé qu'à l'employeur.

Une autre objection encore a été faite à la taylorisation : « si la production individuelle s'accroît dans la proportion que vous nous indiquez, une quantité plus ou moins grande de travailleurs seront privés de gagne-pain ». Après les coupes sombres que la guerre a faites dans leur rang, je ne crois pas qu'il soit nécessaire de réfuter cet argument.

Et c'est précisément à cause de cette effroyable destruction de vies humaines qu'une plus grande productivité individuelle s'imposera. Le moment sera venu d'appliquer la formule américaine :

« *Ne faites jamais faire à un homme un travail qui peut être exécuté par une machine.* »

Qui se complète de celle-ci :

« *Organisez vos services de telle sorte que personne ne se fatigue à des mouvements inutiles au but de l'exploitation.* »

Dans toutes les usines américaines des trésors d'ingéniosité sont dépensés pour que cette prescription règne. C'est ainsi que dans les ateliers le principe est admis que les ouvriers n'aient pas à se déplacer pour usiner la pièce, mais que ce sont les pièces qui, automatiquement, viennent se présenter aux ouvriers.

Une autre formule qui circule dans toutes les usines est celle-ci :

« *Faites marcher vos machines sans répit et jusqu'à les crever, car tournant à toute vitesse elles seront amorties rapidement et pourront être remplacées par de plus perfectionnées.* »

Formule proche parente de cette autre :

« *Quand vous fondez un établissement mettez-vous toujours dans les meilleures conditions d'emplacements, d'aménagements, d'outillage, de main-d'œuvre, d'approvisionnement et de débouchés ; car si vous ne vous y mettez pas un autre s'y mettra et alors vous êtes perdu.* »

Nous sommes loin de semblables conceptions !

*
* *

Quand on a observé l'Allemagne et les États-Unis, on se rend compte que chez nous tout est à réformer. J'en citerai un exemple, non pas parce qu'il est plus caractéristique qu'un autre, mais parce que chacun l'a constamment sous les yeux :

Regardez passer un facteur des postes. Il porte en bandoulière une boîte de distribution, qui regorge à tel point que la plupart des plis émergent hors de la boîte, en grand danger de tomber sur la chaussée : perte de temps s'il faut les ramasser.

En Amérique, le récipient est construit de manière à contenir tous les papiers qu'on lui confie.

Considérez maintenant une boîte aux lettres. Généralement située chez nous tout au bas de la devanture d'un bureau de tabac. Sur cette boîte sont des inscriptions à l'usage du public ; il faut s'accroupir pour essayer de les lire ; mais couvertes de boue ou effacées, impossible de les déchiffrer. Passe le facteur pour lever la boîte : il s'accroupit à son tour : geste fatigant qu'il réitérera autant de fois qu'il y a de boîtes. Il tire une clef de sa poche, ouvre la boîte, y puise des lettres. Fasse le ciel qu'il n'en laisse pas au fond ! Regardez votre montre : il a mis trois minutes à ce travail.

En Allemagne le modèle des boîtes est unique ; elles sont interchangeables. Ce sont des cubes de fonte, bleus, très visibles, scellés en saillie contre le mur, à la hauteur de la main. Sur leur façade est une petite fenêtre vitrée qui protège le tableau où sont inscrites les heures des levées. Au fronton, un chiffre mobile indique l'heure de la prochaine. Le facteur *qui y procède debout*, porte un sac de cuir dont l'ouverture est armée d'un cadre métallique, qui s'engage entre deux coulisses horizontales fixées sous la boîte. Un tour de clef fait basculer le fond de cette boîte; tous les plis, sans exception tombent dans le sac. La trappe se referme; un second tour de clef change le numéro de la levée et... à une autre. Le tout dure huit secondes.

Multipliez le nombre des facteurs par celui des boîtes qu'ils lèvent dans tout un pays et par le nombre des jours de l'année et vous arriverez à un beau total d'heures gaspillées et de mouvements pénibles inutilement répétés. Voilà de l'antitaylorisme.

Entrons maintenant dans un bureau de poste. Rien ne prédestine ce local à être plutôt un bureau de poste qu'un débit de boissons ou un magasin de parapluies. Erreur d'adaptation où les Américains et les Allemands ne tombent jamais. Tout bâtiment doit être construit et aménagé en vue de sa destination.

Notre bureau français, à certaines heures, est encombré de monde. Chacun attend son tour et perd son temps. Combien d'heures dans une année? Observez là les gens et les choses. Le local est trop exigu pour tant de respirations. Non ventilé, il s'en dégage une odeur désagréable. Voilà un bureau antihygiénique pour les employés. Mais c'est un service de l'État; toute récrimination serait superflue.

A un guichet un monsieur touche un mandat. Il n'y a pas de plume pour signer. Il faut en chercher une sur un pupitre réservé au public; ce pupitre est en sapin saturé de taches d'encre, recouvert d'un buvard crasseux, mal éclairé et l'unique plume qui s'offre, par malheur, est cassée. Pendant ce temps tout le monde attend.

Suit une personne au même guichet qui, elle, demande des timbres-poste. L'employé referme le registre des mandats, cherche et ouvre la chemise des timbres. Nouvelle perte de temps. Pourquoi pas un guichet spécial pour les timbres? Nos administrations ignorent la division du travail.

Mais sans doute dans le bureau se trouve une boîte aux lettres. Où est la boîte aux lettres? Un chef-d'œuvre d'aménagement veut que cette boîte soit tout au fond de la pièce, dissimulée par le torse d'un citoyen qui demande un renseignement à un employé.

On veut téléphoner. Il y a à cet effet une cabine — une seule — ; elle est occupée ; prix de la communication 15 centimes ; on vous donne le numéro 7. Impatienté vous allez téléphoner dans un café voisin. Combien de fois, dans toute la France, l'État perd-il ces 15 centimes, par le seul fait que chaque bureau n'a qu'une cabine?

Ainsi fonctionnent tous nos services sans exception. Superposez les fausses manœuvres aux installations mal étudiées, aux routines, à l'impunité des fautes professionnelles, et vous obtiendrez une des plus défectueuses administrations de l'Europe moderne.

Si l'on prend la peine de rechercher les raisons de cet état de choses, on les trouve dans le manque d'attention et de réflexion de la part de ceux qui président aux services. Tout d'abord ils dirigent le personnel, ou commandent l'outillage, d'après des règlements tout faits, sans mesurer les conséquences de leurs ordres, dont ils ne surveillent ni l'exécution, ni l'aptitude de leurs subordonnés à les remplir ; enfin quand un système, qu'il soit bon, médiocre ou mauvais, est établi, nul ne s'inquiète de le modifier ou de l'améliorer.

Tant pis si des progrès naissent ailleurs, si des conditions nouvelles exigent des changements. Les errements prennent la stabilité de traditions immuables. Ainsi l'application cérébrale, que la taylorisation exige de ceux qui veulent l'adopter, manque surtout à notre fonctionnarisme et trop souvent aussi à la production privée.

Que l'on compare ces méthodes à celles que recommande un Américain, directeur de grandes entreprises, à des jeunes gens qui, au sortir de l'École technique supérieure, vont se lancer dans la carrière industrielle.

« Dès que vous aurez commencé d'étudier les hommes, vous en viendrez naturellement à étudier le rôle et la raison d'être de l'organisation. Bien des diplômés semblent croire que pour faire faire une chose, il suffit d'en donner l'ordre... Pour diriger les hommes avec succès, il faut agir sur eux de trois façons : d'abord les choisir et les adapter à leur travail de telle sorte qu'ils puissent donner leur maximum de rendement ; en second lieu leur donner les ordres nécessaires pour qu'ils sachent ce qu'ils ont à faire; enfin attacher au travail non seulement leur corps et leur esprit, mais encore leur *volonté*, si bien qu'ils *veuillent* donner leur maximum. La plupart des diplômés n'ont jamais réfléchi à la première et à la troisième de ces préoccupations. Pour eux un directeur est un monsieur qui donne des ordres. Or, le vrai conducteur d'hommes est presque constamment absorbé par le souci de donner à chaque individu la place qui lui convient, de le mettre dans les conditions de rendement les plus favorables et de l'intéresser à son travail. Finalement il n'emploie à donner des ordres qu'une faible partie de son temps[1]. »

Ce n'est point ainsi, avouons-le, que nous avons coutume

1. *Idées américaines sur la formation des ingénieurs*, extraits recueillis dans des allocutions aux diplômés des Écoles techniques des États-Unis par André Rabot, ingénieur des mines (mort au Champ d'honneur).

en France de choisir les hommes, de leur donner des ordres, d'en obtenir la bonne exécution.

L'alliance entre la *conception* et la *volonté* apparaît sans cesse dans la vie américaine ; elle lui assure son véritable caractère.

Il ne sera jamais inutile de mettre leurs méthodes en parallèle avec nos habitudes invétérées.

Sans doute, on ne saurait dénier aux Français leur aptitude à raisonner logiquement. Mais on peut remarquer que lorsqu'un raisonnement nous conduit à une conclusion qui nous déplaît, qui gêne nos habitudes, détruit quelque préjugé bien enraciné ou heurte les intérêts que nous tenons à ménager, nous nous en tenons là et jetons notre syllogisme au panier pour penser à autre chose. Par là s'explique le phénomène que tant de projets reconnus avantageux ne sont cependant jamais exécutés. Que de fois j'ai vu démontrer à des industriels, par exemple, qu'ils auraient bénéfice à changer un procédé, un outil, à réformer une méthode de travail ! Ils en conviennent, mais s'agit-il d'exécuter le changement, hélas, adieu les résolutions.

L'Américain est exempt de ces faiblesses de caractère. A toute constatation vérifiée succède l'action qu'elle commande.

*
* *

Oh ! certes, plus d'un des procédés des Américains heurteront nos préjugés et nos habitudes de circonspection. Leur audace nous apparaîtra de la témérité. Vivre une partie de son existence exposé à tous les risques semble un supplice à quiconque s'est forgé comme perspective de bonheur l'édification sûre d'une petite fortune ou la liquidation à terme prévu d'une médiocre retraite. C'est un

Américain qui a écrit que *les Français naissent avec des âmes à salaire fixe.*

L'inébranlable assurance américaine en face des difficultés ne cadrera pas davantage avec notre timidité. On répète volontiers aux États-Unis un précepte qui peut se traduire ainsi :

« Ne vous endormez jamais en pensant qu'une chose est impossible ; vous pourriez être réveillé par le bruit que fait quelqu'un occupé à l'accomplir. »

Il ne manque même pas de conceptions américaines qui sont diamétralement opposées aux nôtres. Chez nous les plus remarquables élèves de nos écoles privilégiées se précipitent dans les fonctions ; les moins éminents se résignent à entrer dans les affaires. En Amérique l'industrie absorbe les meilleurs sujets, les services publics ramassent les autres.

Sans entrer ici dans le domaine de l'enseignement technique, que l'ouvrage de M. l'ingénieur Négrier ne se propose point d'aborder, qu'il me soit permis de signaler qu'il existe depuis plusieurs années, dans les *Universités* et dans les *technicums* américains, deux cours qui manquent absolument dans les écoles similaires françaises : le cours d'*administration des affaires* et le cours d'*organisation scientifique des usines.*

C'est précisément dans ces cours à la création desquels les principes de Taylor n'ont pas été étrangers que sont données aux élèves des notions précises, résultant de l'expérience, sur les hommes, le capital, les outils, les marchandises, les transports, les marchés et les ventes.

Cette lacune dans notre enseignement ne saurait échapper à la perception de quiconque s'occupe de former de futurs chefs d'industrie ou de toutes autres entreprises. Il importe rigoureusement qu'elle soit comblée.

Dans n'importe quelle école technique la notion de productivité intense et économique doit dominer toutes les autres.

Les 120 millions d'habitants de l'Amérique du Nord — car je n'en excepte pas le Canada — ont l'esprit tourné vers la production et vers l'accroissement de la productivité. On en retrouve l'obsession aussi bien dans le monde des capitalistes que dans celui des ouvriers. Cette dernière constatation mérite qu'on s'y arrête.

La main-d'œuvre américaine n'a généralement pas vis-à-vis du patron l'attitude que nous lui voyons en France. L'ouvrier ne s'insurge pas contre le machinisme à outrance ; bien au contraire, il s'efforce de contribuer par son ingéniosité à développer l'automatisme mécanique à la condition toutefois qu'une rémunération supplémentaire pour lui y corresponde. De plus, il est consciencieux dans son travail — les sabotages et les grèves perlées sont d'invention purement française, — ce qui ne l'empêche pas d'ailleurs de discuter âprement son salaire. Les conflits entre patrons et ouvriers américains roulent à peu près toujours sur cette unique question ; mais pourvu qu'il soit largement payé le travailleur ne vous marchande pas sa peine. D'ailleurs n'y trouve-t-il pas son compte puisque le travail à la journée a presque partout fait place au travail aux pièces avec prime à la surproduction !

On peut donner plusieurs motifs à son ardeur à la besogne. D'abord, l'ouvrier américain, très calculateur, se rend judicieusement compte qu'à une augmentation générale de toute la production correspond une diminution du prix de toutes choses et, comme consommateur il en profite.

De plus, il ne peut manquer d'être saisi, quoiqu'il en ait, par l'ambiance d'activité dévorante dans laquelle il vit.

Toute la machine américaine est organisée, agencée, mise au point, pour une production intensive. C'est une sorte de fièvre ou de griserie à laquelle personne ne saurait résister.

Mais il existe un mobile plus décisif encore. De même que les soldats de Napoléon croyaient tous avoir un bâton de maréchal dans leur giberne, de même aucun Américain ne se considère comme indigne des faveurs de la fortune. Or, pour les mériter, il n'a que deux moyens : le *travail* et la *chance*. Disons plutôt les deux à la fois. En effet, la société américaine est ainsi constituée que ni la protection, ni les relations ne peuvent conduire à un poste avantageux l'individu qui n'en est pas digne ; l'homme d'affaires américain est trop pratique pour le confier, uniquement pour complaire à autrui, à un incapable qui le remplirait mal. Il estime avec raison, et c'est encore là du très bon taylorisme, que l'avantage est beaucoup plus palpable pour lui d'avoir des collaborateurs sérieux que des collaborateurs bien recommandés.

La recherche des employés actifs et intelligents comme des ouvriers laborieux, est une incessante préoccupation chez les chefs d'entreprise. On ne citerait pas un seul des grands noms de l'industrie ou de la finance américaines, dont l'ascension ne repose sur le fait qu'étant de modestes travailleurs salariés, ils ont été observés par un patron qui a su discerner leur mérite. Aussi chaque salarié répète-t-il, avec une secrète espérance, le nom de ces personnages dont chacun connaît l'histoire. Il n'envie pas l'opulence du patron, parce qu'il espère le devenir à son tour.

* * *

Si la plupart des ouvrages sur le taylorisme renferment ou développent les idées qui précèdent, il n'en est encore guère en notre langue qui en présente l'application positive et pratique.

Le livre de M. Négrier comble cette lacune.

M. Négrier, ingénieur des Arts et Manufactures (1912), s'est rendu dès sa sortie de l'École Centrale à Philadelphie où il s'est imposé de travailler pendant une année dans l'usine et sous les ordres de F. Taylor, dont il est devenu, comme tant de jeunes ingénieurs américains, le fidèle disciple. Là il a étudié, avec un remarquable esprit d'observation, les méthodes du maître. C'est le fruit de cette patiente et complète assimilation qu'il apporte aux milieux industriels et même commerciaux français. Quelle que soit la spécialité du lecteur dans le monde de la production il trouvera profit à le lire, à le méditer, à en introduire les enseignements dans sa profession. La nécessité d'intensifier la production et la perte douloureuse de tant de bras valides placeront quiconque s'occupe de diriger des entreprises devant le problème de la meilleure utilisation du travail humain et du rendement plus élevé des machines. L'ouvrage de M. Négrier leur rendra ce service.

Simultanément M. Négrier a rapporté des États-Unis les admirables solutions imaginées par les Américains pour les manutentions économiques et rapides de chargement, de déchargement et d'embarquement des matières premières et spécialement des combustibles. C'est la deuxième partie de son livre. Elle ouvrira aux ingénieurs de ports, aux entrepreneurs de travaux publics et aux industriels qui ont à mettre en œuvre de gros tonnages, une voie encore inconnue en France.

Ainsi, notre jeune camarade aura doté d'un inappréciable bienfait, non seulement la production et les ouvriers qui verront s'améliorer leurs salaires, mais encore les consommateurs, lesquels profiteront à leur tour des bas prix de revient que ses enseignements féconds apporteront à notre production nationale.

Victor CAMBON,
Ingénieur des Arts et Manufactures.

ORGANISATION TECHNIQUE

ET

COMMERCIALE DES USINES

ÉTUDE SUR LE SYSTÈME TAYLOR

Le système Taylor tel qu'il a été présenté au public par M. Frederick W. Taylor, par ses études successives et par celles de ses adeptes, est actuellement passé dans la technologie industrielle comme un procédé tellement connu, tellement banal, qu'il semblerait inutile d'écrire quoi que ce soit de nouveau à son sujet.

Ce système, comme tout le monde le sait, a pour but d'augmenter le rendement industriel des hommes et des machines, et surtout de modifier le *modus vivendi* présidant aux relations actuelles, pas toujours très cordiales, entre les représentants du capital et les représentants du travail.

Ceci posé, voyons, en quelques mots, quelle est la situation actuelle de ce système dans l'esprit des deux grands facteurs industriels : le capital et le travail.

1° Le capital. — Dans l'industrie, le capital est généralement représenté par l'échelle des personnalités suivantes : le petit actionnaire, le banquier, le conseil d'administration et, enfin, le chef d'industrie.

Le petit actionnaire, en général conseillé par le banquier, ne se préoccupe nullement de l'entreprise à laquelle il a prêté son argent; il tient seulement à toucher régulièrement un dividende suffisant pour pouvoir se dire qu'il a fait une bonne affaire.

Le banquier, qui joue le rôle d'*intermédiaire*, voit surtout, et particulièrement en France, le bénéfice immédiat constitué par son tant pour cent sur le chiffre total d'argent fourni à l'industrie. En Allemagne, au contraire, les banques, plus clairvoyantes, ont un état-major d'ingénieurs-conseils compétents, qui leur permettent de s'intéresser, et pour longtemps, au succès de l'industrie, attachant moins d'importance *au pourcentage immédiatement réalisé sur le prêt*.

Le conseil d'administration est en général composé de gens éminents ; mais pour si éminents qu'ils soient, quelles sont leurs préoccupations ? En deux mots, les voici : 1° Ils s'occupent de régler avantageusement les questions financières dans le sens qui sera le plus favorablement jugé par la majorité, comme l'établissement annuel de la situation présentée aux actionnaires, et certains savent ce qu'on peut y introduire; 2° Un conseil d'administration avisé, ou en ayant la réputation, s'occupe enfin de régler quelques questions commerciales.

Ces deux points réglés, quel est celui qui s'occupe de la partie purement industrielle? Un homme, un homme seul, le chef d'industrie qui, suivant ses capacités personnelles, résout toutes les questions pour le bien ou le mal de la société. A lui seul incombe toute la responsabilité de l'organisation de l'usine, de la répartition du travail, de la question ouvrière. Aucune de ces questions ne saurait, en l'état actuel des choses, intéresser ni le banquier, ni le conseil d'administration, ni le petit actionnaire. On semble donc, quand on fournit l'argent, se désintéresser totalement de la partie industrielle : LA PRODUCTION, et c'est au grand honneur de beaucoup d'ingénieurs, chefs d'usine, de régler ces questions par eux-mêmes, et souvent, très brillamment. Ici, M. Taylor intervient pour dire que la production est un facteur important de la rémunération et qu'elle mérite plus d'attention qu'on n'a été, jusqu'à présent, tenté de lui en accorder, et au moins, autant que les questions financières et commerciales.

2° LE TRAVAIL. — A l'heure actuelle, le travail a été fourni par la classe ouvrière sous deux formes différentes principales se rattachant à deux modes de paiements principaux.

1° *Le travail à la journée.* — L'application de ce mode de paiement a de nombreux inconvénients. Au lieu de payer des hommes, on paye des situations; on classe les hommes en différentes catégories, depuis le manœuvre jusqu'au mécanicien et on le paye suivant la classe à laquelle il appartient. C'est une injustice à deux points de vue. Avec ce système, un ouvrier mal surveillé et paresseux peut gagner sa journée sans fournir le quart du travail qu'on est en droit d'exiger de lui. Au contraire, un ouvrier actif, intelligent, travaillant est découragé par le paiement fixe qui constitue pour lui un horizon limité et dont son ardeur à la tâche ne semble pas devoir le faire sortir.

2° *Le travail aux pièces.* — Ce procédé qui a été très préconisé pendant longtemps est au fond un procédé injuste. Prenons un jeune ouvrier travaillant activement et augmentant sa production, avec l'espoir de procurer à sa femme et à ses enfants une plus grande quantité de bien-être. S'il arrive à dépasser la production du bon ouvrier normal, le contremaître, bien intentionné, réduira le prix unitaire de la pièce pour ramener le salaire à la normale. Ce même ouvrier arrivera donc à régler sa production sur un chiffre tel qu'il sera certain de ne plus encourir une diminution de prix, mais il ne donnera plus son maximum. C'est donc un régime d'hypocrisie réciproque.

Le système Taylor intervient encore ici pour solutionner cette question difficile en permettant à l'ouvrier d'augmenter son rendement et d'en être récompensé.

Voyons maintenant, en quelques mots, où en est le système Taylor dans le monde, et quelle marche ascendante il a suivi depuis son apparition.

M. Taylor qui a commencé ses premières études appliquées dans une grande usine métallurgique de Philadelphie a, peu à peu, étendu ses applications à de nombreuses autres branches de l'industrie. Jusqu'à sa mort, il a consacré son temps et sa fortune à l'amélioration des relations entre le patron et l'ouvrier.

Actuellement, en Amérique, il existe de nombreuses usines qui appliquent intégralement les procédés du système et qui obtiennent des résultats remarquables. Mais la grosse majorité des autres usines américaines prétendent que cette méthode leur est inconnue. Mais si vous pénétrez dans ces usines et que vous observiez soigneusement, vous verrez que sous un nom différent, ou même sans aucun nom, ces usines appliquent la grande idée de la méthode. Ils sont hantés consciemment ou inconsciemment, par le mouvement intellectuel, le nouvel état d'esprit créé par M. Taylor, et ils sont poussés par deux nécessités inéluctables, à savoir : *l'augmentation constante de leur production et le désir légitime des ouvriers d'obtenir de plus hauts salaires pour l'augmentation du bien-être général.*

La question a été fréquemment traitée en Europe et, en particulier, en Allemagne, bien que la mentalité allemande ait été jusqu'ici peu portée vers des solutions qui ne sont pas strictement militarisées ou disciplinées en ce qui concerne les rapports entre patrons et ouvriers.

En France et en Angleterre, nous nous trouverons après la guerre dans une situation analogue à celle des États-Unis depuis vingt ans. Notre main-d'œuvre sera rare et chère, nos besoins de consommation seront énormes, et si nous ne voulons pas être à la merci de l'Étranger, il faudra aviser pour nous assurer une production correspondante.

Ici encore, cette méthode de travail nouvelle doit nous venir en aide pour créer cette production indispensable.

Avant de donner par la suite les indications qui, je crois, sont les bases de la méthode Taylor, j'insiste pour qu'on ne considère pas cette étude comme une preuve que la méthode Taylor est une panacée universelle. Loin de là; mais le but poursuivi est le suivant :

La France après la guerre sera meurtrie, blessée, mais jamais, dans l'esprit de chacun, elle n'aura eu une vitalité semblable ; il faut que cette vitalité soit utilisée au mieux, et pour le bien de tous ; il faut que ce soit une ère nouvelle, l'ère de la grande industrie française ; et, pour cela, il faut que tous, depuis le plus humble des artisans jusqu'au directeur de nos plus grandes usines, réfléchissent à chacune des phases de son travail journalier et qu'il se demande s'il ne pourrait pas, en changeant sa méthode, avec la même somme de travail, doubler sa productivité. Les quelques notes qui suivent peuvent l'y aider.

Peu importe que la méthode Taylor soit totalement ou partiellement appliquée; ce qu'il faut, c'est que la France bénéficie de l'état d'esprit nouveau par l'augmentation du rendement industriel grâce à une nouvelle organisation et à l'amélioration des relations entre les employeurs et les employés.

PREMIÈRE PARTIE

CHAPITRE PREMIER

IDÉES GÉNÉRALES PRÉSIDANT A LA DIRECTION DU TRAVAIL DANS UN ATELIER

Les notions générales nécessaires à la bonne utilisation du personnel et des machines d'un atelier, sont, à vrai dire, très similaires à celles qui ont souvent dû naître dans l'esprit de beaucoup de directeurs d'industrie. Mais il faut reconnaître qu'elles ont été rarement appliquées dans toute leur étendue, et que leur application nécessite un effort continu de plusieurs années, effort qui a arrêté beaucoup d'adeptes théoriques dans la réalisation.

Au point de vue des relations avec l'ouvrier, le principe est d'aider l'ouvrier au maximum et de le récompenser suivant ses efforts. *Il faut l'aider à augmenter sa production en lui donnant soit par écrit, soit par l'intermédiaire d'un contremaître expert, toutes les indications nécessaires pour l'exécution de son travail.*

En ce qui concerne la marche générale du travail, il faut savoir décomposer chaque nouveau travail en parties principales, puis en groupes et sous-groupes jusqu'aux pièces initiales; organiser le travail de telle façon que rien ne soit mis en train avant que tout soit prêt pour la fabrication d'ensemble.

On organise, enfin, à l'avance, une répartition du travail pour les machines et pour les hommes de façon à pouvoir, à chaque instant, préciser à quel point exact de la fabrication on se trouve.

Dans chaque branche de l'industrie, il peut se présenter des variantes nouvelles, mais cela ne saurait en aucune façon, changer la méthode générale qui n'est pas, à mon avis, *autant une systématisation qu'une méthode d'organisation scientifique pouvant être appliquée à toutes les manifestations de l'effort humain.*

Pour suivre clairement le fonctionnement théorique du système, nous prendrons une commande à son arrivée et nous la suivrons jusqu'à l'exécution finale et la livraison.

Le *service commercial* reçoit une *commande,* il la transmet au *directeur* qui la vise et qui la transmet aussitôt au *chef de la production.* Celui-ci donne les ordres nécessaires au *bureau de dessin* et au *bureau de préparation* pour que le travail soit étudié et préparé. Le bureau de dessin fait les plans et détermine ce qu'il y a à faire en tenant compte des travaux précédents et des modifications apportées par la commande. Le bureau de préparation reçoit les dessins; il détermine comment et quand le travail sera fait et il provoque les commandes pour les matières nécessaires.

Ces deux bureaux, ainsi que celui du chef de la production, sont en rapport étroit avec le « foundry clerk » qu'on peut appeler le *préposé aux pièces de fonte;* avec le « store keeper » ou *chef du magasin* et avec le service commercial. On peut résumer le tout dans le tableau suivant qui indique la marche générale

Service Commercial, Chef de la Production.	Bureau de Dessin,	Service de la Fonderie[1], Chef de magasin,
	Bureau de Préparation.	Service Commercial.

Nous étudierons plus loin, successivement, chacun de ces services et nous tâcherons de montrer leur utilité respective et l'influence qu'ils ont sur la marche des opérations.

1. Dans les usines qui ne font pas de la construction de machines, le service de la fonderie peut être supprimé, mais il peut aussi exister sous la forme d'un service chargé de la surveillance ou de la production des produits bruts nécessaires à la fabrication.

CHEF DE LA PRODUCTION

Le chef de la production est immédiatement placé entre le service commercial et l'usine productrice; c'est un organe de liaison entre les deux, et son importance n'échappera à personne.

C'est par son intermédiaire que l'ordre général est maintenu dans toute l'usine, tout au moins en ce qui concerne la progression du travail. C'est grâce à lui que tous les services et tous les rouages de la fabrication savent dans quel ordre ils doivent travailler; c'est grâce à lui, enfin, que les discussions entre le service commercial et la direction des ateliers peuvent être évitées.

Le chef de la production donne ses ordres sous la forme de ce qu'on peut appeler *ordre de travail*. Cet ordre de travail est communiqué aux services suivants avec un numéro d'ordre et le numéro d'ordre représente la loi suivant laquelle le travail doit être exécuté. Il doit être respecté dans toute l'usine comme étant la *loi fondamentale de la production*.

Cet ordre de travail est le résultat des décisions prises par le chef de la production qui tient également compte des *capacités productrices de l'atelier* et des *demandes du service commercial* pour tout ce qui concerne l'importance relative des commandes et les délais de livraison.

L'ordre de travail doit toujours être strictement respecté sauf quelques cas particuliers qui sont nettement délimités, et ceci avec raison, car dans les périodes de fabrication intensive, les exceptions deviendraient peu à peu la règle. Les cas exceptionnels sont limités de la façon suivante :

1° Cas de force majeure; c'est-à-dire ne pouvant pas être évité par l'usine d'une façon certaine, comme le remplacement immédiat d'une machine démolie à l'emballage ou pendant le transport; le remplacement d'une pièce de fonte défectueuse quand on s'en aperçoit à la fin de l'usinage.

Mais même dans ces cas exceptionnels, le chef de la production ne peut, de lui-même, délivrer un ordre de travail exceptionnel que sur l'autorisation du chef de l'établissement qui décide si l'importance de la chose est telle qu'on puisse introduire une modification aux ordres de travail déjà délivrés à l'usine. Cela démontre l'importance qu'on attache à la marche normale des opérations suivant un *ordre méthodiquement établi.*

Il faut reconnaître que quelques usines ont fait de gros efforts et de grands progrès dans cette direction, mais malheureusement la grosse majorité des établissements actuels vit sous *le régime des cas exceptionnels* qui sont un élément de désordre indiscutable et l'origine de retards et de pertes de temps considérables.

Le chef de la production doit vérifier lui-même ou faire vérifier par ses sous-ordres, tous les jours, que son ordre de travail est strictement observé, tant au bureau de dessin qu'au bureau de préparation ou à l'atelier.

J'ai eu l'occasion tout dernièrement de voir une usine où la surveillance n'avait pas été méthodiquement conduite. L'afflux des commandes et du travail ayant été énorme, comme dans tous les ateliers de mécanique, il s'est passé le phénomène suivant : toutes les commandes étaient en voie d'exécution et quelques-unes presque achevées, mais il manquait certaines pièces de fonte ou autres et aucune livraison ne pouvait être effectuée.

Le directeur de l'usine, inquiet de cet état de choses, en a recherché la cause. Elle provenait simplement de ce fait que l'ordre de travail n'avait pas été observé, et que le chef de la production étant débordé, n'avait pas pu surveiller avec assez d'attention l'exécution de ses ordres.

On donna au chef de la production deux sous-ordres pour augmenter la surveillance. Le résultat se fit immédiatement sentir un mois plus tard, mois pendant lequel l'usine a fait toutes ses livraisons d'une façon systématique et échelonnées à peu près dans l'ordre des commandes.

On peut considérer cela comme un résultat remarquable quand on connaît l'état de congestion dans lequel se trouvent toutes les usines actuellement.

Voici un fait intéressant et digne d'être signalé : Suivant que les commandes sont relatives à un travail en série ou à du travail à la commande, il peut y avoir surcharge de travail soit à l'atelier, soit au bureau de préparation. Pour rétablir l'équilibre, il est normal de déplacer un ou plusieurs contremaîtres et de les faire travailler au bureau de préparation jusqu'à ce que la congestion y ait cessé, puis ils reviennent à l'atelier et reprennent la direction du travail. Réciproquement pour les employés du bureau qui peuvent être envoyés à l'atelier quand cela est nécessaire. On peut considérer ce passage de l'atelier au bureau et réciproquement comme une preuve de la grande souplesse du système. Cette pratique est constante dans tous les ateliers où la méthode est appliquée. Cela a le grand avantage de détruire peu à peu *le grand fossé qui a toujours existé entre le bureau d'étude et l'atelier;* c'est enfin une porte ouverte pour l'ouvrier qui, devenu contremaître, peut aspirer plus haut. Il peut aller au bureau d'étude ; il peut donner sa mesure, et peut voir s'ouvrir devant lui ce qu'un Américain appellerait *le champ des possibilités*.

Le chef de la production doit porter également son attention sur les commandes nouvelles et il doit se rendre compte que toutes les dispositions sont prises pour le commencement des opérations. Il doit être imbu de cette idée que quand une usine n'est pas à la hauteur de ses promesses et de ses délais de livraison, c'est que le temps perdu a été perdu au début, à la commande, et rarement à la fin du travail. Le temps perdu au début ne se rattrape jamais et quand on veut le rattraper c'est au détriment des autres travaux en cours.

BUREAU DE LA RÉPARTITION DU TRAVAIL

Ce bureau s'appelle le « Planning Department » et ses deux missions essentielles sont de déterminer *comment le travail sera fait et quand il sera fait*. La simplicité de ces deux buts semblera trop élémentaire à beaucoup, mais quand ils réfléchiront à ce qui se passe dans leurs usines ou dans celles qu'ils connaissent, ils reconnaîtront que ces deux propositions : « comment le travail sera fait et quand il sera fait » sont des problèmes particulièrement complexes et qui, malheureusement, se résolvent le plus souvent par des discussions violentes entre le service commercial, la direction des ateliers et le contremaître. Quand un travail est commencé, on l'arrête pour en commencer un autre sur la demande motivée ou non du service commercial. Il en résulte une perte de temps considérable, et de plus, c'est l'origine de discussions individuelles, incompatibles avec la bonne marche du service.

Ainsi donc, la méthode Taylor a essayé de mettre définitivement au point cette difficulté connue de tous, mais résolue encore par une infime minorité. Il n'y a donc rien de nouveau dans cette conception qui aurait dû être réalisée dans l'ancien état de choses, *mais qui ne l'était pas.*

Il y avait autrefois des hommes qui préparaient bien leur travail et d'autres pas ; et en supposant même que toutes les choses fussent au mieux et que tous les hommes fussent égaux au meilleur pour la préparation de leur travail, le système aurait encore sa valeur et sa puissance pour les deux raisons suivantes :

1° Le système impose un classement d'archives industrielles où on peut puiser tous les renseignements catalogués des travaux précédents dont on bénéficie plus facilement et plus rapidement.

2° La préparation et la répartition du travail a cet immense avantage qu'étant faite à l'avance, elle permet de prévoir toutes les difficultés et de ne pas être, au dernier moment, arrêtée par un détail insignifiant comme le montage d'une machine ou le besoin d'une pièce détachée qu'on a oubliée.

BUREAU DE PRÉPARATION

1° Le « Route Clerk » que nous pourrions appeler le *Préparateur*. Le travail du préparateur commence quand tous les dessins sont achevés ou, sous une forme plus générale, quand tous les renseignements nécessaires à la fabrication lui sont parvenus. Ces renseignements peuvent être sous la forme de dessins, de cahier des charges, d'échantillons. Le préparateur doit avoir enfin un tableau avec tous les renseignements relatifs aux machines de l'atelier : leur puissance, leur capacité, etc., et à tous ces documents il doit joindre sa valeur personnelle de praticien. En général, c'est un ancien contremaître.

Prenons l'exemple de la construction de machines. Le préparateur décompose son travail de la façon suivante :

Il analyse la construction et la décompose en plusieurs parties différentes ou groupes qui peuvent être assemblés ou montés séparément. Il classe ces groupes par ordre d'importance en se rapportant surtout au temps nécessaire pour leur achèvement respectif, en tenant compte des délais dus à l'usinage, aux commandes à l'intérieur, à la fonderie. Il tient compte aussi de leur ordre d'importance pour le montage final. Cette décomposition en groupes est notée sous la forme d'un diagramme. Dans chaque groupe il recommence le même travail en classant par ordre d'importance et de temps les pièces constituantes du groupe.

Enfin, pour chacune de ces pièces, il fait une feuille séparée indiquant de quelle façon le travail doit être fait, et, si possible, sur quelle machine. Pour les pièces semi-manufacturées, il provoque des ordres de travail ou des commandes à l'extérieur. Quand son travail est achevé, il classe toutes ses feuilles de travail dans un dossier qui comprend, en tête, le diagramme de la décomposition en groupes. Puis, une succession de dossiers de groupes contenant une feuille de travail pour chaque pièce détachée, et enfin, une feuille de montage.

Par un système de marquage déterminé, on peut, en ouvrant le dossier, se rendre compte à première vue de l'état d'avancement du travail.

Si le préparateur est bien au courant, il doit arriver à ce que, quelle que soit leur importance, toutes les pièces détachées d'un groupe soient finies simultanément pour le montage de ce groupe. De même, quelle que soit leur importance, tous les groupes doivent être prêts et montés simultanément, pour que le montage final de la machine puisse se faire aussitôt et sans aucun retard.

PRÉPOSÉ AUX MATIÈRES SPÉCIALES

Pour l'exécution d'une commande, qu'elle soit relative au travail en série ou au travail à la demande, il faut se procurer des matières spéciales qui, parfois, ont une grande importance. Les pièces de fonte dans la mécanique et les petites pièces détachées en général en sont un exemple.

Je prendrai, en effet, l'exemple concret d'une commande terminée et prête pour la livraison. Il arrive fréquemment qu'au moment de l'emballage il manque une étiquette ou un autre détail d'importance minime en apparence, mais qui, cependant, arrête la livraison et crée facilement un retard de huit ou dix jours. Ces ennuis ne peuvent se produire si on a un clerc qui s'occupe tout particulièrement de ces détails.

Le clerc de la fonderie se tient en contact étroit avec le préparateur du travail et avec le magasin d'autre part. Il n'a pas besoin de posséder une culture technique développée; ce qu'il faut surtout, c'est qu'il soit consciencieux et qu'il soit constamment au courant des livraisons des matières manufacturées ou non venant de l'extérieur; qu'il aille chez les fournisseurs se rendre compte de l'état d'avancement des travaux; qu'il en informe le préparateur pour que, de ce fait, il n'y ait pas de retard imprévu dans le début du travail. Il faut que, par son intermédiaire, on puisse être certain d'aller jusqu'à l'achèvement complet du travail sans être arrêté par une pièce qui manque et qu'un fournisseur n'aura pas pu livrer en temps voulu.

CHAPITRE II

MARCHE NORMALE D'UNE COMMANDE

Nous indiquerons la suite des opérations ou plutôt la liste des phases par lesquelles passera une commande depuis le début jusqu'à l'expédition. Il est bien entendu que seules, les grandes lignes seront indiquées pour donner une idée de la décomposition du travail et de l'harmonie qui en résulte pour la marche normale des opérations. Il ne s'agit que d'un schéma qui pourra, suivant les cas, être modifié dans tel ou tel sens, suivant l'ordre et le genre de la fabrication.

Nous posons ici un principe qui, s'il est bien compris, peut être appliqué à toute espèce d'effort humain tendant à une production : que cette production se réfère à la manutention et à la pose des briques, à un atelier d'usinage ou à un atelier de forge, le principe reste intangiblement le même, et, par là, s'élève à la hauteur d'une véritable conception philosophique.

Dans ce qui suit, nous prendrons l'exemple le plus compliqué : celui d'un atelier d'usinage. L'application de la méthode à la mécanique a donné des résultats si surprenants qu'il ne sera pas mauvais de choisir un exemple dans cette branche de l'industrie.

Nous indiquerons brièvement la suite des opérations et il sera facile de se reporter aux modèles correspondants qui sont numérotés par ordre. Ces modèles sont incomplets en ce qui concerne les détails, mais suffisants cependant, pour se rendre compte des parties essentielles.

Ordre de manufacture. — L'ordre de manufacture porte un

numéro d'ordre qui sera observé pendant toute la fabrication ; il porte l'indication succincte de la commande. Il est visé par le directeur, puis, de là, va au bureau de dessin.

ORDRE DE MANUFACTURE N°

Pour *Ordre délivré le.....*

Fabrication terminée le.....

ORDRE délivré	APPROUVÉ par le directeur.	DESSIN	PRÉPARATEUR du travail.	COMMANDES à l'extérieur.	STOCK retenu en magasin.	ÉTUDE du temps.	TRAVAIL commencé.	TRAVAIL fini.
Date								
Commencé. .								
Date								
Fini								

Le bureau de dessin porte la date de réception et garde l'ordre jusqu'à l'achèvement des dessins, à une date qui est portée au bas de la feuille, et à laquelle tous les dessins terminés et approuvés vont au préparateur du travail.

A ce moment, l'ordre de manufacture est communiqué au préposé aux achats à l'extérieur et au comptable du magasin qui s'entendent avec le préparateur pour s'assurer que toutes les pièces nécessaires à la fabrication seront obtenues à temps. De là, cet ordre va au préposé à l'étude des temps.

Il ressort donc, d'une façon très précise, que d'une part, l'ordre de manufacture est un ordre connu de tous les intéressés, d'autre part, qu'il permet à chacun de s'occuper immédiatement de la partie qui l'intéresse et les doubles signatures, en dessous et au-dessus, indiquent le temps qui leur a été nécessaire pour prendre leurs dispositions.

Bureau de dessin. — Le bureau de dessin commence les dessins de chaque commande suivant leur numéro d'ordre indiqué par l'ordre de manufacture.

Il n'y a rien de particulier dans l'organisation du bureau de dessin, si ce n'est, cependant, le grand intérêt qu'il y a pour le chef du bureau à éviter que tous les dessins soient commencés simultanément. Il faut qu'il surveille attentivement le travail pour éviter le chevauchement d'une commande sur l'autre, de telle sorte que les dessins difficiles ou les calculs plus longs ne soient pas progressivement abandonnés pour s'occuper des questions plus faciles.

Les dessins terminés sont vérifiés et paraphés par le chef du bureau de dessin et envoyés au préparateur avec une liste des pièces nécessaires à la fabrication.

Préparateur. — Le préparateur, muni de ses dessins et de la liste des matières, commence par subdiviser le travail à faire en groupes et en sous-groupes, puis en divisions.

Les groupes sont des parties de machine qui peuvent être fabriquées indépendamment et simultanément. Ces groupes se décomposent en sous-groupes qui peuvent être également fabriqués simultanément, mais qui devront être prêts en même temps pour le montage des pièces du groupe.

Les divisions, enfin, sont constituées par des parties qui doivent être faites successivement.

Le préparateur décompose ainsi son travail en parties élémentaires; les décompositions s'étendant jusqu'à l'unité « pièce isolée ». Le tout se présente à lui sous la forme d'une série d'accolades se rapportant aux subdivisions, ou plutôt sous la forme d'un arbre généalogique dont les extrémités représenteraient les pièces isolées et le tronc représenterait la machine terminée et montée.

Quand il a préparé son travail sous cette forme, ce qui est relativement facile et rapide, le préparateur recommence son travail en sens inverse, en partant de la pièce isolée. Pour chaque pièce isolée, il inscrit les indications suivantes :

1° Pièces brutes nécessaires à la fabrication ; quantités et dimensions ;

2° Nombre et dimensions exactes des pièces à usiner et temps approximatif nécessaire à l'usinage ;

3° Genre de travail à effectuer en indiquant la machine sur laquelle le travail doit être fait.

Cette étude paraît fastidieuse à première vue, mais elle est en réalité très simple, car dans toute industrie, les pièces nouvelles ont une analogie assez grande avec des pièces déjà connues et, grâce à un système d'archives bien compris, il a immédiatement tous les renseignements nécessaires.

Il résulte de cette étude que certains sous-groupes sont plus longs à faire que d'autres, de même, pour les groupes, à cause des difficultés d'usinage et souvent aussi, à cause des délais dus aux pièces de fonte.

Avec une approximation suffisante, le préparateur se rend compte des étapes successives de la fabrication et il constitue le résumé de tout son travail sous la forme du tableau suivant.

Prenons par exemple une locomotive (nous pourrions prendre une machine quelconque) :

Châssis et roues;

Foyer;

Chaudière;

Cylindres;

Mécanisme;

Commandes.

Si nous prenons le cylindre, il se décompose en cylindre proprement dit, système de distribution et piston.

Le piston se composant de la tige de piston, du piston et des segments.

Enfin, pour chacune de ces pièces, il faut une pièce de fonte de dimensions données qui devra être livrée à l'usinage sur une machine déterminée, la mieux appropriée aux opérations à faire.

Cette décomposition paraît si élémentaire qu'il semble que chaque industriel doive la faire d'une façon systématique. Mais il faut reconnaître qu'elle n'est pas toujours faite et que même, dans le cas où elle est préparée, elle n'est plus suivie dans la marche des opérations.

Châssis et roues.			
Foyer.			
Chaudière.	Cylindre.		
Cylindre.	Distribution.	Tige de piston.	1 pièce de fonte.
Mécanisme.	Piston	Piston	1 contre-tige.
Commandes.		Segments.	1 écrou, etc.

Prenons un exemple plus détaillé qui nous rendra compte de la façon exacte suivant laquelle cette préparation est faite : la fabrication d'un wagonnet pour voie de 60 centimètres. Le diagramme du travail de préparation peut se résumer de la façon suivante, d'ailleurs très abrégée :

Wagonnet. .	Groupe essieux, roues,	sous-groupe essieux.
		sous-groupe coussinets.
		sous-groupe roues.
	Groupe coffrage,	sous-groupe châssis.
		sous-groupe coffrage.

Le tableau ci-après concernant ce wagonnet indique seulement la marche générale des opérations, la décomposition du travail faite par le préparateur. Cette décomposition n'est pas dogmatique, elle peut être variée dans tous les cas et dans toutes les industries. Je ne l'ai indiquée que parce qu'elle peut servir pour la plus nette compréhension du texte.

<table>
<tr><td>2 pièces de fonte, matricule 4201.
Tournées sur machine nº 22, suivant instruction et dessin T. 4201.
1 couche de peinture et envoyées à l'assemblage</td><td>Sous-groupe essieux. Dessin 4201.</td><td rowspan="2">Groupe essieux. Roues. Dessin 4200. 1 couche peinture à l'assemblage.</td><td rowspan="5">Wagonnet Dessin 4210. 2 couches de peinture. Ajouter plaque au nom Charles Co., démonter et expédier en caisse.</td></tr>
<tr><td>4 pièces de fonte, matricule 3803.
Tournées sur tour vertical nº 28, suivant instructions et dessin T. 4202.
1 couche de peinture et envoyées à l'assemblage.</td><td>Sous-groupe roues. Dessin 4202.</td></tr>
<tr><td>8 pièces de fonte, etc.
8 pièces de fonte en bronze, etc.
8 pièces de fonte anti-friction, etc.
8 boulons, etc.</td><td>Sous-groupe coussinet. Dessin 4203.</td><td rowspan="3">Groupe coffrage. 1 couche peinture à l'assemblage.</td></tr>
<tr><td>2 longerons acier profilé.
4 plats.
4 profilés cornières.
100 rivets.</td><td>Sous-groupe châssis. Dessin 4204.</td></tr>
<tr><td>18 traverses en chêne.
100 boulons.</td><td>Sous-groupe coffrage. Dessin 4205.</td></tr>
</table>

Nota. — Il faut évidemment détailler les indications pour toutes les pièces des sous-groupes châssis et coffrage, comme elles ont été détaillées pour les pièces de sous-groupes essieux et roues.

Quand cette décomposition est faite, le préparateur reprend son tableau pour préparer les feuilles de travail. Il commence par

FEUILLE DE GROUPE

PIÈCES à usiner.	MATIÈRE en stock.

PIÈCES à usiner.	MATIÈRE en stock.

préparer les feuilles du groupe. Dans les colonnes de gauche, il indique la liste des pièces nécessaires à la constitution du groupe et il les divise en pièces à usiner et en pièces déjà existantes en stock. Dans les colonnes de droite, il les décompose en opérations qui peuvent être effectuées indépendamment ou successivement.

Ci-joint un modèle quelquefois employé mais qui peut être modifié suivant les cas.

Classeur spécial où on trouve toutes les feuilles de groupe, sous-groupes et d'unités.

Après la feuille de groupe, le préparateur passe aux feuilles de pièces isolées sur lesquelles il inscrit le travail à faire, les pièces brutes nécessaires, leur nombre et leurs dimensions, puis le numéro de la machine sur laquelle le travail sera effectué et, enfin, toutes les indications nécessaires au travail.

FEUILLE DE PIÈCE

Pièce-entretoise. Dessin n° .....

NOMBRE	MATIÈRE nécessaire.	USINAGE	MACHINES	COMMENCÉ le	FINI le
50	2^m,50 acier barre ronde de 18 mm.	Couper de longueur. Filetage pas de 4 mm. 6 filets, filet international	V 10 M 7		

Quand toutes les feuilles de pièce et de groupe sont faites, il rattache toutes les feuilles de pièce au groupe auquel elles appartiennent et les relie dans un classeur de forme quelconque.

Ce classeur permet à première vue de distinguer les feuilles de groupe et de pouvoir obtenir tous les renseignements relatifs à chaque pièce du groupe avec la plus grande facilité.

A chaque feuille de pièce est adjointe une feuille de carton contenant des pochettes ; chaque pochette contient les instructions nécessaires pour chaque opération d'usinage à faire sur la pièce ; elle contient un ordre de mouvement, une feuille de prime et une feuille d'inspection du travail.

1re Opération Pochette.	3e Opération Pochette.	5e Opération Pochette.
2e Opération Pochette.	4e Opération Pochette.	6e Opération Pochette.
	Feuille d'instructions Pochette.	
	Feuille d'outillage Pochette.	

ORDRE DE MOUVEMENT

Ordre de manufacture.
Désignation des pièces :

NOMBRE	DESSIN

Transporter de ..... Etage .....
à ..... Etage .....

Signature du manœuvre :

FEUILLE DE PRIME

Ordre de manufacture.
Pièce ..... Nombre ..... Dessin n° .....
Machine n°.....

DATE	NOMBRE de pièces.	TEMPS total.	TEMPS permis.	TEMPS gagné.	PRIME	SALAIRE	TOTAL

Retard précédent
Retard à rattraper :

Signature :

FEUILLE D'INSPECTION

Ordre de manufacture. Machine n° .....
Inspection initiale. Pièce n° .....
Dessin n° .....

Inspection finale.

NOMBRE de pièces.	USINÉES	RETOUCHÉES	REBUTÉES	ACCEPTÉES

Etat des outils ....
Etat de la machine ....

Signature :

OPÉRATION DE MANUFACTURE N° .....

Opération n° .....

Pour toucher un boni, le travail doit être fait en		Nombre de pièces .	
Montant du boni.		Dessin n°	
Signature.		Machine n°	

ORDRE DE MANUFACTURE N° .....

Dessin N°	Les opérations de cette colonne peuvent être effectuées indépendamment.	Commencé	Terminé	Inspecté	Ces opérations doivent être effectuées successivement.

Dans une des pochettes du bas, il y a une feuille d'instructions indiquant à l'ouvrier tout ce qu'il doit faire pour achever son travail dans le temps voulu et dans les meilleures conditions.

FEUILLE D'INSTRUCTIONS

Dessin n°..... Ordre n°.....
Machine n°..... Temps nécessaire.....
Nombre de pièces.....

NUMÉROS des opérations.	DÉTAIL DES OPÉRATIONS	AVANCE	VITESSE	TEMPS par pièce.	TEMPS total.
	Étudier la feuille d'instructions				
	Montage de la machine . .				
	Vérification des courroies..				
	Montage de la pièce.. . . .				
	Centrage				
	Mise en lunette..				
	Montage de l'outil n° . . .				
	Suivant angle.				
	Disposer commandes pour la vitesse de				
	Serrage de				
	Avance de				
TOTAL .					

Nota. — Quand la machine ne peut donner ce qui est prévu sur cette feuille, l'ouvrier doit avertir le contremaître.

Enfin dans la dernière pochette, se trouve la liste des outils à employer et dont l'ouvrier doit se servir *sans les modifier*.

Quand toute cette préparation est terminée, et elle est beaucoup moins fastidieuse qu'elle ne le paraît, tout le travail est classé et l'œuvre du préparateur est achevée.

Préposé aux matières spéciales. — Le classeur passe alors

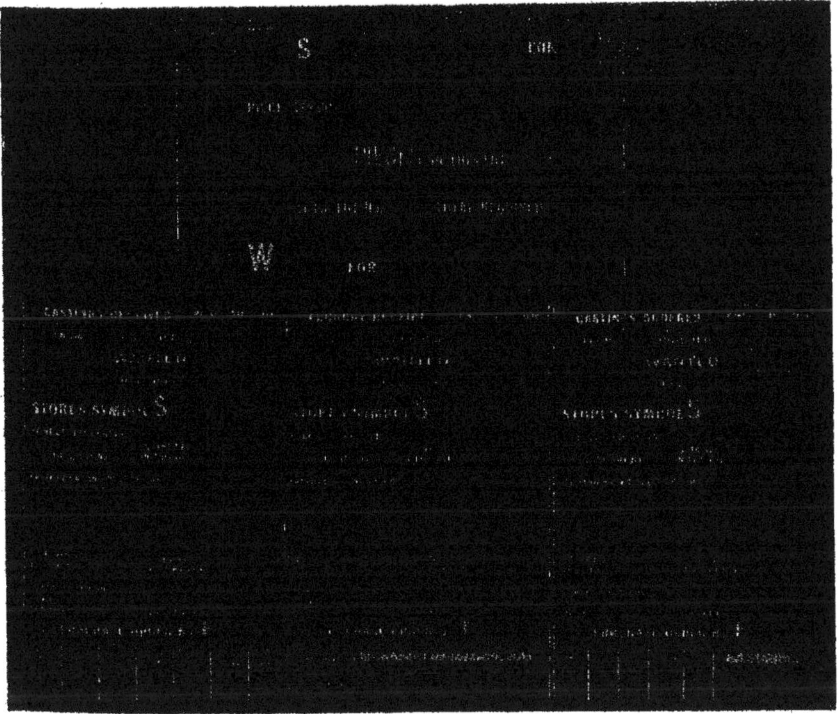

Commande de pièces de fonte.

Trois feuilles détachables et destinées l'une à la commande, l'autre à la fonderie, la dernière à l'arrivée et à l'inspection des pièces.

entre les mains du préposé aux matières spéciales qui, dans le cas le plus fréquent, serait plus justement appelé : préposé à la fonderie.

Celui-ci trouve dans la liste des feuilles de groupe et de pièces d'une part, tout ce qui a trait à la fonderie ; d'autre part, tout ce qui doit être acheté à l'extérieur. Il fait ses commandes et grâce à ses archives, il a tous les renseignements nécessaires concernant les dessins et les modèles qui lui sont utiles.

CHAPITRE III

MAGASIN DES MATIÈRES PREMIÈRES

Il y a eu en France, pendant ces quelques dernières années, de très gros efforts et de réels progrès en ce qui concerne l'installation et l'administration d'un magasin. On s'est enfin rendu compte que le magasin était une des parties essentielles de l'industrie. Tous ces efforts dérivent de la tournure d'esprit qui commence à régner en France, et, si on ne tient pas encore à l'organisation, on tient cependant à avoir de l'ordre.

Les divisions essentielles d'un magasin bien tenu doivent être les suivantes :

1° Produits bruts ;

2° Produits semi-manufacturés par l'usine;

3° Produits manufacturés venant du dehors ;

4° Produits manufacturés fabriqués dans l'usine.

Ces grandes divisions doivent correspondre à des compartiments très nets dans le magasinage et doivent toujours rester distinctes.

Dans chacun de ces grands compartiments, on crée ensuite des divisions qui dépendent exclusivement du genre d'industrie auquel elles se rapportent ; mais il faut, cependant, y apporter le plus grand soin et la plus grande méthode.

Prenons, par exemple, des boulons et des écrous : il est indispensable de les classer par ordre de grandeur, en prenant comme base le diamètre et la longueur et avoir pour chaque dimension, un compartiment différent. Il se peut que la suite des dimensions ne soit pas régulière et il peut y avoir le plus grand avantage à prévoir une suite de casiers pour toutes les dimensions, même s'ils

Magasin où les stocks sont classés par catégories.

sont inutilisés, car, par la suite, on peut avoir leur emploi pour une

Magasin. Classification et magasinage des boulons et écrous.

fabrication nouvelle. On ne saurait jamais prévoir un trop grand espace pour un magasin.

Une bonne précaution, pour pouvoir introduire une nouvelle série de pièces dans un magasin déjà occupé, est de créer, dès le début, une série de casiers interchangeables et pouvant tous s'inscrire dans un carré de dimensions types.

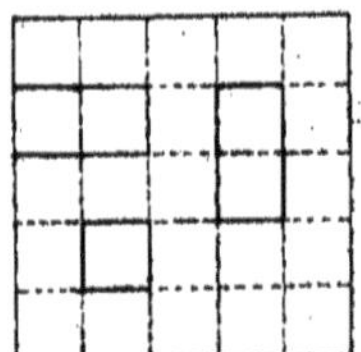

On peut aussi introduire des casiers rectangulaires ou carrés, mais dont les dimensions sont toujours des sous-multiples de la dimension du carré initial. Cela permet de classer des pièces de dimensions très différentes sans rompre l'uniformité du procédé employé, et, de plus, les casiers sont continuellement interchangeables.

Classification. — Tous les procédés de classification se défendent pourvu qu'ils *soient complets et qu'on puisse, chaque jour, à mesure que la fabrication se modifie, y ajouter de nouveaux éléments*.

Il faut donc que ce soit une classification *complète mais extensible*.

Un des procédés les plus avantageux dans cet ordre d'idées, est la classification par symboles, absolument analogue à celui employé pour la classification des corps appartenant à la chimie organique, procédé qui a fait ses preuves si on en juge par la multiplicité des corps actuellement connus dans cette branche de la science.

Prenons un exemple que je n'indiquerai que dans ses grandes lignes. Une locomotive est composée de la chaudière, du foyer, des cylindres, du châssis et des roues. Chacun de ces groupes est constitué par d'autres sous-groupes. Ainsi les cylindres comprennent le cylindre proprement dit, le système de distribution, le piston, les segments. Enfin, pour chaque type de cylindre, il existe des pièces de dimensions différentes.

Si nous classons toutes les parties se rattachant à la locomotive sous la lettre L, toutes celles se rapportant au cylindre sous la

Modèle indiquant la disposition des classeurs
représentant chacun une commande en cours de fabrication.

lettre C, et celles relatives aux segments sous la lettre S, et si, enfin, nous avons des segments de 0m,40 de diamètre sur 0m,01 d'épaisseur, nous pourrons classer ces segments sous la dénomination L C S 1/40.

Cela paraît extrêmement compliqué et, cependant, on est étonné de voir avec quelle extraordinaire facilité, ces dénominations sont utilisées par les ouvriers comme un langage facile et rapide.

Approvisionnement du magasin. — Quel est l'industriel qui, ayant commencé l'exécution d'une commande pressée, ne s'est pas trouvé dans les deux alternatives suivantes ?

1° Une pièce indispensable ne peut pas être fournie par le magasin ; le stock est épuisé depuis la veille ;

2° Il ne reste plus en stock que quelques pièces et elles sont réservées pour un travail déjà en voie d'exécution.

Il en résulte une perte de temps considérable ; il faut commander de nouvelles pièces et attendre leur livraison. Il importe dans ce cas, de se rendre compte de la perte d'argent qui en résulte, et de tenir compte aussi de la clientèle qui veut toujours être servie à temps et qui a la plus haute considération pour une maison qui se tient à des délais prévus.

Comment éviter ce grave inconvénient ?... Par un procédé très simple et qui, cependant, est bien rarement employé en France et qui, en Amérique, sous des formes diverses est universellement utilisé.

L. C. S. 1/40		QUAND LE STOCK DISPONIBLE TOMBE AU-DESSOUS DE 200, PROVOQUER COMMANDE DE 1 000			
Date.	Ordre.	Stock.	Livré.	Réservé.	Disponible
1.16	»	500	»	»	»
2.16	N° 3540	»	50	»	450
3.16	N° 3541	450	»	100	350

Supposons qu'à chaque casier du magasin, nous attachions une étiquette de la forme ci-dessus.

Pour l'ordre 3.540, le magasinier a livré 50 pièces le 2/16. Le 3/16 il est arrivé une nouvelle commande nécessitant l'emploi de 100 pièces. Au lieu d'attendre au jour où on aura besoin de ces pièces et où on ne serait pas sûr de les trouver, on adopte comme principe d'informer, dès le début, le magasinier d'avoir à réserver le nombre de pièces nécessaires. S'il les a en magasin, il les garde, mais en aucun cas, il ne doit les délivrer pour une autre commande. Elles sont réservées. S'il y a un manque en magasin, il a le temps de faire une commande. D'ailleurs, sur chaque étiquette, le magasinier a une indication précise lui permettant de provoquer automatiquement une commande quand le stock disponible tombe au-dessous d'un quantum déterminé.

Une autre précaution importante dans la bonne organisation d'un magasin est de tenir sur un grand livre une comptabilité rigoureuse des matières, avec les entrées, les sorties et les lots réservés.

Comptabilité du magasin. — Le classeur venant du préparateur est transmis à la comptabilité du magasin et le comptable, en examinant successivement chaque feuille, se rend compte des quantités de pièces nécessaires et il les compare au stock disponible. Il retient sur son grand livre les quantités nécessaires au travail à faire et provoque des commandes pour maintenir son stock.

En consultant la feuille ci-dessous, il est facile de suivre les opérations. Le 2/1, je commande 100 pièces que j'inscris dans les colonnes 1 et 4. Le 2/3, je retiens 25 pièces pour un travail déterminé. Il ne reste donc plus que 75 pièces disponibles. Le 2/8, je reçois les 100 pièces que je retranche de 1 et que j'ajoute à 2. Le 2/10, je livre les 25 pièces retenues pour cette époque et je retranche en 2 et en 3. En réalité, le total des colonnes 1 et 2 est toujours égal à celui des colonnes 3 et 4.

Pour faciliter cette comptabilité et en faire bénéficier le bureau de la préparation, la comptabilité du magasin est tenue par un clerc dans le bureau du préparateur.

DATE	1 STOCKS COMMANDÉS			2 STOCKS EN MAIN			3 STOCKS RETENUS			4 STOCKS DISPONIBLES				REMARQUES
	NOMBRE	REÇU LE ...	COMMANDE N° ...	REÇU LE ...	NOMBRE	LIVRÉ LE ...	POUR L'ORDRE N°	DATE RETENUS LE...	NOMBRE	LIVRÉ LE ..	ORDRE	DATE	NOMBRE	
2/1	100		1 525	2/8	100		3 450	2/3	25		3 450	2/1	100	Ordre.
	100	2/8			25	2/10			25	2/10		2/3	25	
	0				75				0				75	
2/12	100		1 680		50	2/12	3 620						50	
					25								25	Ordre.
				2/13	6		3 450					2/12	100	
					31							2/12	125	Crédit.
												2/13	131	

Pour chaque matière en magasin, on a donc, comme le montre le tableau précédent, une comptabilité quadruple indiquant :

1° Quantité totale en magasin ;

2° Quantité commandée, mais pas encore en magasin ;

3° Quantités retenues en magasin pour l'exécution de commandes en cours ;

4° Quantités disponibles en magasin.

Tous les ordres transmis au magasin passent par ce service de comptabilité qui, seul, peut répondre des disponibilités et qui peut provoquer des commandes pour maintenir son stock.

La disposition des feuilles de son livre de comptabilité est telle que, à chaque instant et pour chaque matière, il doit avoir la relation suivante :

Quantités commandées, quantités en stock, quantités retenues, quantités disponibles.

Il doit rendre compte au préparateur de ce qui se passe au ma-

Tableau permettant de voir ce qui se passe sur les machines et de se rendre compte des travaux en cours et des travaux à suivre.

gasin et le tenir au courant de la liste des matières dont le stock baisse. Réciproquement, le préparateur lui communique toutes ses

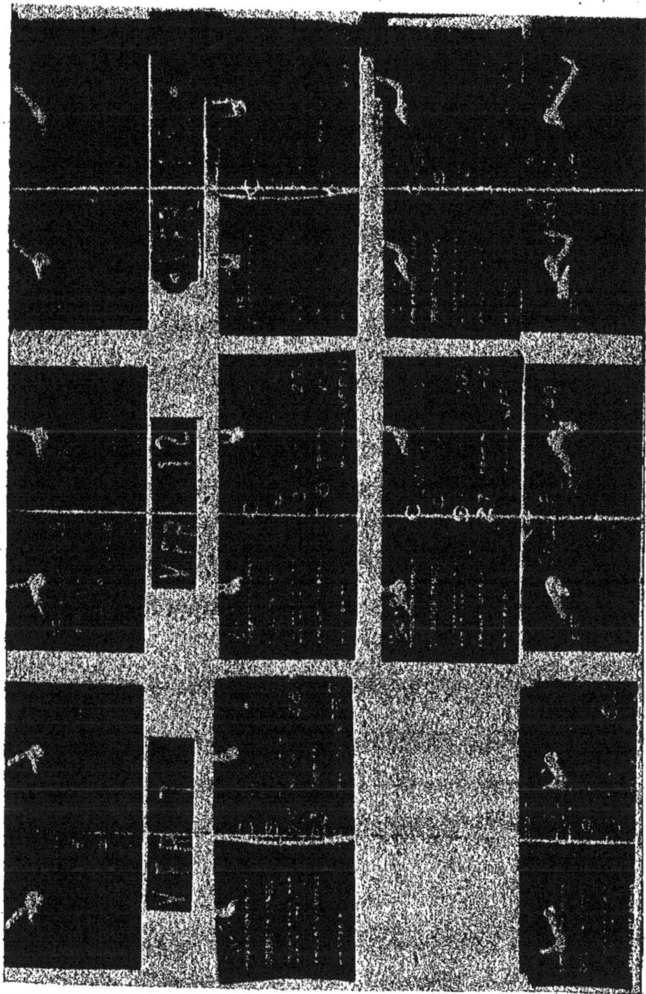

feuilles de travail pour qu'il puisse retenir assez à l'avance les quantités nécessaires à l'exécution de la commande.

Cette comptabilité est indispensable, car c'est le seul procédé véritablement certain pour ne jamais être arrêté dans la fabrication par un manque de matières.

Le travail fait, on peut dire que le principal est achevé et que la suite est un travail de moindre importance.

Les classeurs sont rangés par ordre correspondant aux ordres de manufacture. Le clerc qui est chargé de ce travail s'appelle « order of work or route clerk. ». On pourrait l'appeler le répartiteur.

Il dispose d'un grand panneau sur lequel se trouve une série de crochets avec la liste des machines et leurs numéros.

Pour chaque machine, il a une série de crochets correspondant aux indications suivantes :

1° Travail terminé ;

2° Travail en cours d'usinage ;

3° Travail qui va commencer.

Sur un autre panneau, il y a une autre série de crochets qui correspondent aux ordres de mouvement dans l'atelier, à savoir que telle pièce terminée à une machine doit être transportée par un manœuvre à une autre machine pour la continuation de l'usinage.

Cette disposition lui permet de suivre toutes les opérations et de préparer la suite des opérations et des transports pour qu'il n'y ait aucun arrêt dans la marche des machines.

Il reçoit des contremaîtres la feuille de travail terminé et imposé, et il leur transmet les feuilles de travail à commencer.

Il n'y a rien là de véritablement difficile et pour obtenir un pareil résultat on peut adopter une série de procédés différents.

L'idée directrice est que, grâce au travail du préparateur et aux instructions données dans les pochettes des feuilles de pièce, on puisse maintenir un ordre constant dans la fabrication et délivrer les feuilles de travail à temps pour que les travaux se succèdent sans arrêt.

DEUXIÈME PARTIE

CHAPITRE PREMIER

ORGANISATION D'UN ATELIER

Cette organisation résulte en somme de la conception qu'on se fait du rôle du contremaître et de celui de l'ouvrier. On tient à imposer au contremaître et à l'ouvrier une méthode de travail basée sur un raisonnement scientifique; *on veut organiser son travail*. Il est, par conséquent, indispensable de placer ce personnel dans un atelier bien conçu et organisé selon une idée directrice unique.

Pour qu'un atelier soit bien organisé, il faut quatre conditions essentielles :

1° Une bonne disposition des bâtiments ;
2° Une bonne répartition des machines;
3° Une étude sérieuse des conditions de marche des machines;
4° Une étude détaillée de l'outillage.

Les deux premières conditions semblent avoir été l'objet de nombreuses études et la plupart des nouvelles usines en France paraissent avoir été conçues suivant un plan déterminé et dérivant de l'ordre de travail à exécuter.

De même, il semble qu'on ait pris en sérieuse considération la question des agrandissements. Aucune nouvelle usine ne devrait être construite sans disposer, dans son voisinage immédiat, d'un espace considérable en prévision des agrandissements. Ces terrains disponibles jouent le rôle de fonds de réserve au même titre que l'argent que l'on verse en dépôt en banque pour parer aux éventualités.

De la même façon, la bonne répartition des machines dans l'atelier joue un rôle considérable et nécessite une étude approfondie et détaillée des conditions du travail.

Il faut prévoir les stades successifs de la fabrication et surtout prévoir les emplacements nécessaires pour les stocks entre chaque opération. De plus, il faut prévoir et organiser les moyens de manutention mécanique.

A ce sujet, je dirai combien les usines modernes sont supérieures à leurs aînées. Il faut savoir et pouvoir manutentionner les marchandises et cette science n'est pas donnée à tous. Il faut éviter les retours en arrière et suivre un mouvement continu vers l'avant, c'est-à-dire vers l'expédition.

Un des types les plus remarquables de cette conception est l'usine d'automobiles Ford, à Detroit. Malgré les énormes erreurs qu'on y trouve dans la fabrication, on est confondu devant l'*unité de conception* qui a présidé à l'érection de cette usine. Toutes les pièces sont dans le *mouvement en avant*, et aucune ne peut revenir sur ses pas, si ce n'est par une voie déterminée et toujours la même.

Il suffit, pour arriver à ce résultat, de se constituer un but et de l'atteindre par une méthode déterminée. Appliquer ensuite la même méthode à toutes les opérations et à tous les détails de la fabrication. Il faut ensuite une volonté énergique pour maintenir l'application du principe que l'on s'est imposé.

Je n'insisterai pas davantage sur cette question, car elle est connue de tous et elle a été appliquée très brillamment dans la plupart des usines nouvelles. J'insisterai davantage sur une autre condition essentielle de la bonne marche d'un atelier. Celle-ci a trait à l'étude des conditions de marche des machines.

Je suis persuadé qu'un grand nombre d'ateliers perdent des sommes considérables ou plutôt manquent de réaliser des bénéfices par ce seul fait que l'étude des machines n'est pas consciencieusement faite.

Quand une machine arrive, elle est mise en route et cela, sans se préoccuper du type de la machine et sans se rendre compte que la machine a une marche optima dont il faut se rapprocher le plus possible.

Quand la machine est en place et qu'elle a été étudiée, il faut envisager une question plus difficile et qui n'est pas encore complètement résolue par suite de la multiplicité et de la difficulté des problèmes qu'elle comporte. Il s'agit de l'outillage et de son adaptation au travail à exécuter.

Ces questions sont particulièrement complexes et elles relèvent presque totalement du domaine de la science, elles exigent :

L'étude de la coupe des outils ;

L'étude du rendement des poulies et courroies ;

L'étude des lubrifiants.

Ces questions sont dans leur enfance à l'heure actuelle et cela, malgré les efforts considérables qui ont été tentés dans les vingt dernières années.

Les efforts les plus sérieux ont été dirigés vers les études concernant la coupe des outils et, en particulier, les outils de dégrossissage. Ces études, commencées par M. Taylor, ont été reprises par quantité d'usines en Europe et en Amérique. Elles ont conduit à l'emploi d'aciers spéciaux, traités d'une façon particulière, selon l'emploi auquel ils sont affectés. Je ne développerai pas cette question particulièrement complexe, mais je crois qu'il est du devoir de tous les industriels de s'y intéresser et de faire, dans leur sphère, des études leur permettant d'étendre les limites de leurs connaissances actuelles.

Quand on songe que l'emploi des aciers spéciaux a développé le rendement des machines dans la proportion de 1 à 4, on est en droit de se demander quel rendement on obtiendra le jour où, au lieu de quelques savants, ce sera la masse qui collaborera à ces études scientifiques.

Je rappellerai, en passant, que c'est à la suite de l'étude sur le rendement des outils que M. Taylor a généralisé ses théories et s'est occupé du rendement des machines, puis du rendement des hommes et enfin du rendement des ateliers.

Son grand mérite aura été d'intéresser la masse et d'avoir attiré l'attention générale sur les bienfaits résultant de l'application d'un esprit scientifique à la réalisation d'un résultat quelconque, non pas en augmentant l'effort, mais en augmentant le résultat pour un même effort donné.

CHAPITRE II

ROLE DU CHEF D'ATELIER

Le rôle du chef d'atelier dans le système Taylor prend une signification tout autre que celui auquel nous sommes habitués.

Dans la plupart des usines, à l'heure actuelle, le rôle du contremaître est un rôle pour ainsi dire universel. C'est lui qui fait presque tout, et, si on veut considérer la liste de ses travaux, on ne peut qu'être étonné aussi bien du nombre de ses occupations que de leur importance.

Le contremaître s'occupe de l'embauchage des ouvriers, de la surveillance de l'atelier, de la tenue des ouvriers, de leur aptitude au travail, de leur honnêteté. C'est lui qui fixe les prix et les modifications de prix, répartit le travail, prévoit le travail à venir. Il veille aux réparations de l'outillage, aux réparations des pièces mal faites; il s'occupe, enfin, de sa véritable tâche, c'est-à-dire du travail en cours et de la façon dont il est fait.

A l'heure actuelle, le contremaître normal s'occupe un peu de tout, mais ses fonctions principales sont, en partie, diminuées du fait qu'il est obligé de s'occuper de choses insignifiantes, de paperasseries, de comptabilité : travaux qui devraient être faits par un petit employé, un débutant à faible solde.

Toujours est-il, que pour arriver à un résultat pareil, il faut un *homme universel* et doué des plus belles qualités de travail, d'intelligence et d'autorité. Mais ces qualités sont difficiles à rencontrer chez un seul homme et même dans ce cas, la mise en œuvre de ces qualités représenterait une somme de travail considérable.

Les défauts de cette organisation, où tout est réglé au jour le jour et où on ne pense qu'aux difficultés quotidiennes sans prévoir les difficultés du lendemain ou de la période suivante, se rattachent intimement à la mauvaise conception du rôle de contremaître.

Les points faibles des organisations actuelles sont les suivants :

1° Le contremaître a trop de travail ;

2° Il ne peut se faire une idée exacte du rendement de l'ouvrier ;

3° Il n'a pas le temps d'indiquer de quelle façon le travail doit être fait et il aime souvent mieux faire le travail lui-même.

4° La répartition des salaires faite par un contremaître surchargé de travail, est, en général, mauvaise, car il ne peut y consacrer le temps nécessaire.

5° Le rôle du contremaître, au point de vue moral et social, est tellement mal défini, qu'en général, il n'a véritablement pas de situation sociale établie. Elle dépend des circonstances et, souvent aussi, de la répartition des salaires et des prix, ce qui le met dans une situation fausse.

Cette situation fausse l'oblige à prendre parti : s'il est du côté des ouvriers, le rendement général s'en ressentira aussitôt ; s'il est du côté du patron, il en profitera pour conduire le personnel d'une façon beaucoup plus dure que le patron lui-même, et il en résultera un mécontentement général. Il y a donc là des erreurs considérables au point de vue de la justice et au point de vue social.

M. Taylor a posé les principes du rôle des contremaîtres et il les a appliqués dans ses usines.

Un bon contremaître doit être :

1° Un *spécialiste* du travail qu'il a à faire : le mot spécialiste, ici, ayant une signification assez large et ne s'appliquant pas à une opération déterminée.

2° Un bon *observateur* capable de noter et de se rendre compte de tous les éléments d'une méthode de travail et de son rendement, capable aussi d'en constater les variations.

3° Il doit être enfin un bon *professeur*, « il doit enseigner aux ouvriers » et c'est là, en réalité, sa tâche principale, celle à laquelle il doit apporter toute son attention.

Il est facile de se rendre compte des avantages immenses de

cette nouvelle conception. Elle assigne un rôle net au contremaître, *un rôle précis avec des devoirs précis.* Elle crée une situation nouvelle, elle enlève le contremaître de cette atmosphère désagréable dans laquelle il vivait. *Plus de situation fausse :* les ouvriers et le patron le considèrent également bien. Le contremaître est débarrassé de toutes ces besognes insignifiantes qui accaparaient la moitié de son temps; elles sont faites dorénavant par un petit employé; le contremaître ne s'occupe plus maintenant que du travail en cours. Il surveille la façon dont il est fait et il enseigne aux ouvriers les meilleures méthodes de travail.

Cette conception du contremaître est, peut-être, de toutes les idées de M. Taylor, celle qui a donné le meilleur résultat. J'ai travaillé, moi-même, dans des usines où cette idée a été appliquée et où la situation du contremaître a grandi, où elle s'est précisée et jouit d'une considération qu'elle n'avait jamais connue avant.

CHAPITRE III

CONDITIONS DU TRAVAIL DE L'OUVRIER

On a prétendu souvent, dans les milieux ouvriers, que le système Taylor était une des formes du « Sweating System » ou autrement dit, un système permettant au patron de prélever d'énormes bénéfices en augmentant la fatigue de ses ouvriers.

Cette idée a souvent été appuyée sur ce fait que certains des exemples cités par M. Taylor paraissaient tellement extraordinaires, qu'ils semblaient devoir exiger un hercule pour les réaliser. Je citerai pour mémoire la manipulation de gueuses de fonte et du manipulateur de briques. Mais il faut considérer ces exemples comme des exceptions, comme des cas particuliers qui ont été choisis pour illustrer ce que l'on peut quelquefois obtenir. Ces illustrations ne sont pas des moyennes, ce sont des cas particuliers destinés à impressionner davantage un public complètement sceptique.

Mais l'heure du scepticisme est passée et tous, amis ou ennemis, savent que dans l'idée de M. Taylor, il y a un fond scientifique exact d'où chacun peut retirer un maximum de bénéfice.

Quelles sont donc les conditions de travail de l'ouvrier dans un atelier dont l'organisation est scientifiquement conçue?

L'ouvrier est à sa machine : il a à sa disposition et à portée de la main tout l'outillage dont il a besoin. Il dispose d'une petite table sur laquelle sont disposés :

1° Tous les dessins de la pièce à usiner ;

2° La feuille d'instruction à laquelle il peut se rapporter pour la bonne exécution du travail. Cette feuille n'est peut-être pas toujours indispensable pour un travail courant, mais elle est précieuse dans le cas d'un travail nouveau. L'ouvrier y trouve tous les renseignements nécessaires concernant le montage de la pièce et des outils, en outre, les vitesses de régime, les avances et tous les autres détails de fabrication ;

3° Une boîte contenant tous les outils et les appareils de montage. Ces outils sont tous en bon état et sont affûtés à l'angle voulu, les appareils de montage (clefs, contre-pointes, écrous, etc...), sont au complet et lui permettent de commencer son travail aussitôt, sans courir dans l'atelier pour se procurer, à chaque instant, des pièces indispensables ;

4° Une feuille indiquant que le travail peut être fait en un temps déterminé et que s'il est exécuté dans ce laps de temps, il y aura une prime déterminée.

Qu'y a-t-il dans tout cela qui ne soit absolument rationnel et qui ne concorde pas absolument avec l'opinion générale de tous les ouvriers et de tous les patrons ?

Combien de fois ai-je entendu un bon ouvrier dans un atelier ordinaire, se plaindre du fait que les outils qu'on lui donnait étaient défectueux, que l'outillage qu'on lui fournissait était incomplet et qu'il perdait un certain nombre d'heures à le compléter lui-même.

Quel est l'ouvrier qui se refuserait à voir de l'ordre dans le travail et de la méthode dans l'organisation?

Mais tout cet ordre et toutes ces méthodes ont été présentés sous forme de lois et il est difficile de faire adopter une loi. Il vaut mieux s'adresser à la raison de chacun et prouver qu'il n'y a rien de neuf si ce n'est l'application générale de ce que chacun, en particulier, considère comme étant la meilleure solution.

Pendant l'exécution de son travail, que se passe-t-il encore qui diffère essentiellement de ce qui devrait exister dans tous les ateliers?

Au début du travail, un contremaître vérifie que la machine est correctement outillée et mise en marche. D'un coup d'œil, il se rend compte que tout est en place et que le travail sera correctement exécuté.

S'il se présente une difficulté par la suite, l'ouvrier prévient le contremaître qui tranche la question et remet les choses en état.

Quand le travail est fini et avant de passer à l'opération suivante, les pièces sont inspectées pour voir si elles sont conformes au dessin ou au modèle. Seules, les pièces exactes continuent leur chemin dans l'atelier; les pièces défectueuses sont arrêtées et, suivant le cas, réparées sur place ou envoyées à des ouvriers spécialement affectés à des réparations.

Cette question des pièces défectueuses soulève, cependant, une difficulté : celle du paiement. Il est juste qu'une pièce détériorée, sans qu'il y ait faute de l'ouvrier soit payée, mais, d'autre part, s'il y a faute, ou si l'ouvrier se rendant compte d'une difficulté, ne prévient pas le contremaître, il est également raisonnable qu'il y ait une pénalité dont l'importance varie suivant les cas.

S'agit-il là, simplement, d'économiser l'argent du patron ? Ce serait une erreur grossière. Il y a évidemment une perte pour le patron, mais il y a également une perte pour les ouvriers qui utiliseront plus tard les pièces qui auraient été payées sans être sérieusement inspectées.

Prenons, par exemple, le cas d'un ouvrier à l'assemblage ou au montage : il est également payé sur le principe de la prime. S'il introduit dans son montage des pièces défectueuses, tout son montage est défectueux et l'argent qu'il peut perdre de ce fait, peut être dû, en partie, à la faute de son camarade, dans le cas où il y a faute.

Il est donc indispensable d'inspecter toutes les pièces après chaque opération et de ne laisser passer que les pièces satisfaisantes. Cette inspection à la machine, contre laquelle on s'est beaucoup récrié, est, à mon avis, une opération essentielle et d'où peut dépendre la bonne marche de l'atelier en général.

Il n'y a donc rien dans tout ce qui précède qui ne soit pas entièrement raisonnable. L'ouvrier sait d'une façon précise ce qu'il doit faire et comment il doit le faire. On lui fournit tout l'outillage qui lui est nécessaire. D'autre part, la direction escompte que le travail sera normalement exécuté et que, seules, les pièces acceptables suivront leur progression jusqu'à l'assemblage.

Il semble même inutile de développer plus longuement des idées si simples et si voisines du lieu commun, et il paraît certain que dans toutes les usines, il serait très facile par une entente entre patrons et ouvriers d'établir une méthode de travail définitive et telle, que les petits froissements journaliers existant actuellement soient condamnés à disparaître.

Il est certain que, par une entente mutuelle, on arriverait très aisément à supprimer la friction et à rétablir, de part et d'autre, une grande confiance réciproque.

L'immense avantage de cette entente est d'ailleurs double, car d'une part, la production augmente considérablement et, d'autre part, l'ouvrier lui-même en retire un bénéfice appréciable sous la forme d'une feuille de paye plus élevée.

Le nombre des usines adoptant actuellement les idées d'organisation modernes augmente considérablement et surtout dans les petites usines. Cela est dû à un fait généralement reconnu que le directeur de la petite usine défend ses propres intérêts et a une influence immédiate sur l'organisation de son affaire que ne peuvent avoir les chefs d'industrie sous la tutelle d'un conseil d'administration. D'autre part, il est beaucoup plus facile de modifier l'organisation d'une petite usine que celle d'une grande, car pour ces dernières, il faut une persévérance et un temps dont on ne dispose pas toujours. Cependant, il commence à apparaître un mouvement très net dans les grandes administrations en faveur de la mise en service progressive des idées modernes.

TROISIÈME PARTIE

CHAPITRE PREMIER

L'ORGANISATION SCIENTIFIQUE CONSIDÉRÉE A UN POINT DE VUE THÉORIQUE

Que veut dire « Scientific Management » ou organisation scientifique?

Quelle est la différence avec une organisation ordinaire?

Où a-t-il été introduit?

Qu'a-t-il accompli?

Toutes ces questions ont été discutées avec un parti pris extrême de part et d'autre. Cette conception est considérée par beaucoup d'ingénieurs comme la seule qui puisse dégager l'industrie de ses errements actuels. Pour d'autres qui ont failli dans son application, elle semble offrir peu d'avantages.

Signification du mot « organisation scientifique ». — Elle diffère essentiellement de ce qu'on est généralement convenu d'appeler une direction ou une organisation experte.

Dans un atelier, le but poursuivi peut être atteint de plusieurs façons différentes, mais *il n'y a qu'une « organisation scientifique » telle, qu'un travail déterminé puisse être décomposé en opérations élémentaires dont on puisse prévoir, à l'avance, tous les degrés.*

La première loi énoncée fut la suivante : *Un homme ne peut fournir un effort déterminé que pendant un certain pourcentage de son temps de travail.* Par exemple, un homme qui manipule des cendres n'a pas besoin d'autant de repos qu'un homme qui manipule du charbon et il y a une proportion de repos pour chacun de ces travaux qui correspond au rendement optimum.

La loi est immuable et la difficulté est de trouver la relation existante entre le temps de travail et le temps de repos. Ainsi, pour un certain travail, la relation sera de 60 p. 100 et pour un pourcentage inférieur ou supérieur à 60 p. 100, le rendement diminuera.

Le mot *organisation scientifique* a actuellement une signification plus vaste, mais la base a toujours été et demeure l'énoncé de la loi précédente. On a souvent dit que ce terme était beaucoup plus une conception philosophique qu'une conception pratique, et, cependant, à l'heure actuelle, de nombreux ingénieurs proclament que le principe est pratique et que les insuccès viennent de ce fait que la théorie a été mal appliquée. Les résultats varient avec l'élément humain qui en est le facteur principal.

Si la médecine et l'art de l'ingénieur ne peuvent être jugés par les œuvres d'un seul médecin ou d'un seul ingénieur, de même, les mérites de l'organisation scientifique sont indépendants des résultats isolés.

Il semble que ces principes puissent être appliqués à toutes les branches de l'effort humain. Le mot *rendement* prend, par conséquent, une signification beaucoup plus vaste que précédemment. Au rendement de la machine s'ajoute ou se retranche le rendement de l'homme.

Le but de l'organisation scientifique est donc nettement le suivant : *économie de temps, d'efforts et de moyens*, c'est-à-dire économie de tous les facteurs affectant la vie d'une industrie.

Différents principes ont été énoncés pour la plus grande compréhension du but poursuivi :

1° Le développement d'une vraie science ;

2° La sélection scientifique des ouvriers ;

3° Leur éducation scientifique ;

4° La coopération de l'employeur et de l'employé.

D'autres ingénieurs développent pratiquement ces principes de la façon suivante :

1° Établissement de plans définis;

2° Application du bon sens;

3° Direction compétente ;

4° Discipline ;

5° Établissement d'un contrat honnête ;

6° Établissement de contrats et de barèmes exacts et complets ;

7° Détermination des modèles ;

8° Détermination des conditions types;

9° Détermination des opérations types.

L'idée directrice est que, quel que soit le genre de travail à exécuter, on ne peut se lancer dans la voie industrielle avant d'avoir décomposé ce travail en ses éléments, en négligeant les parties non essentielles, le tout, dans le but de développer une vraie science.

C'est ainsi qu'on a pu modifier des opérations qui, depuis des années, sont faites d'une façon routinière et que, par la décomposition d'un travail en ses éléments, on a pu rénover et simplifier considérablement toutes les phases du travail.

Plus une opération est complexe, plus les chances sont grandes que la routine ait perpétué des méthodes fausses. De toutes ces questions, la plus difficile est de faire comprendre aux ouvriers où est leur avantage et de leur faire admettre qu'ils travaillent avec le patron au lieu de travailler contre le patron et réciproquement.

FACTEURS PRINCIPAUX DE L'ORGANISATION

Étude du temps. — Cette question est d'autant plus importante que même les ingénieurs qui répudient un système quelconque, sont des partisans du chronométrage. C'est l'étude du temps nécessaire pour parfaire les éléments successifs d'une opération et l'état du temps perdu. Cela permet :

1° De se rendre compte des conditions existantes;

2° D'étudier, par comparaison, les améliorations possibles;

3° De déterminer le temps nécessaire pour chaque élément et pour l'ensemble ;

4° De se rendre compte du rendement de l'individu.

Ce chronométrage n'est souvent nécessaire qu'au début d'une fabrication.

BUREAU DE PRÉPARATION

L'idée directrice est qu'un homme seul ou une organisation indépendante peut mieux répartir et diriger les opérations qu'une série de contremaîtres ayant des idées divergentes. En réalité, c'est une centralisation des responsabilités.

ROLE DU CONTREMAITRE

A l'heure actuelle, quand une usine grandit, le contremaître ne peut plus suffire et on lui fournit de nouveaux contremaîtres pour l'aider et qui se partagent l'autorité du premier.

Le directeur, voulant des résultats, rend le premier contremaître responsable, et celui-ci reporte la responsabilité sur ses assistants. C'est le régime militarisé avec tous ses inconvénients. Il faut tendre, au contraire, vers la création du contremaître instructeur, surveillant la bonne exécution du travail et auquel on enlève toutes les attributions moins importantes qui peuvent être données à des clercs.

CHAPITRE II

DISPOSITIONS RELATIVES A L'EXÉCUTION DÉTAILLÉE DU TRAVAIL DANS L'ATELIER

On a souvent répété que les ateliers basés sur un *système* quelconque étaient des ateliers intolérables et inhabitables. On a souvent adopté pour les désigner, l'expression favorite des « trade-unions » anglaises : le « sweating system »; ce qui veut dire système d'épuisement.

A toutes ces affirmations on peut difficilement répondre, car il n'est rien d'aussi difficile à déraciner qu'une légende *qui n'est basée sur aucun fait précis*.

Il vaut donc mieux reprendre la question à son début et ignorer totalement les impressions précédentes. On a voulu associer le nom de « Taylorisme » à celui d'ateliers où les ouvriers, en travaillant comme des forçats, n'avaient d'autre issue que l'épuisement ou le surmenage.

Abandonnons donc l'appellation du « Taylorisme » et bornons-nous à expliquer sommairement, à ceux qui veulent l'entendre, comment on peut améliorer le rendement général d'un atelier sans épuiser ni surmener personne.

Ainsi que nous l'avons précédemment expliqué, cet atelier supposé parfaitement organisé — ce qui est impossible — ne comporte rien de particulièrement saillant, si ce n'est l'application pratique d'un certain nombre de lieux communs admis par tout le monde, mais que personne n'applique.

Quelles objections peut-on formuler, tant au point de vue de l'ouvrier qu'au point de vue du patron, aux affirmations suivantes :

1° Un atelier doit être large, bien aéré, bien aménagé;

2° Les machines doivent être étudiées dans tous leurs détails;

3° Les courroies de transmission et les moteurs doivent être constamment surveillés;

4° Les machines doivent être soigneusement entretenues;

5° L'ouvrier doit avoir tous les outils nécessaires à son travail et des matières premières convenables;

6° Les outils doivent être affûtés convenablement;

7° Pour un travail donné, il faut adopter la méthode qui correspond à la plus rapide exécution;

8° Le travail doit être vérifié, et, seules, les pièces convenables doivent être envoyées au magasin;

9° Le montage d'une pièce d'ensemble dépend de la fabrication des pièces isolées et de leur finissage en temps voulu;

10° La réputation de l'usine et le bien des ouvriers dépendent de la qualité et souvent du fini de la marchandise livrée à la clientèle.

Existe-t-il un seul ouvrier ou un seul groupement d'ouvriers ou même un syndicat qui se refuserait à admettre le bien-fondé de l'une quelconque de ces affirmations? Ce serait faire injure à la mentalité des ouvriers et à leur bon sens que d'admettre, un instant, pareille supposition. Ces propositions ont tellement l'essence d'axiomes qu'elles paraissent indiscutables et on peut avoir la conviction que, peu à peu, le bon sens triomphera.

Reprenons donc chacune d'elles et examinons-les sommairement.

Atelier large et aéré. — Sur ce sujet il semble inutile d'insister, car toutes les nouvelles usines construites dans les dernières années dérivent de cette idée directrice.

De plus en plus, on a prévu la marche des opérations et la progression constante du travail vers la sortie et l'expédition.

Les nouveaux bâtiments à structure métallique et à garnissage en briques et en ciment armé, ont permis d'augmenter considérablement la légèreté des usines et le nombre des ouvertures pour l'aération.

Au point de vue sanitaire, les lois actuelles et un sens plus pratique et plus généralisé du confort ont amélioré très sensiblement les conditions du travail.

Les ouvriers devraient, dans tous les établissements, bénéficier du strict nécessaire comme des cabinets d'aisance à vidange automatique, des uriniors, des lavabos, etc., et quand la situation

Fabrique de mouchoirs.

financière le permet, ils devraient avoir également des casiers individuels pour suspendre leurs vêtements, des douches, etc..., toutes choses qui ne sont pas indispensables d'ailleurs, mais qui améliorent la situation générale et le moral d'un atelier. Il faut reconnaître, d'ailleurs, que des efforts considérables ont été faits dans ce sens.

Au point de vue sanitaire, un examen périodique par un docteur de l'établissement, avec une fiche sanitaire pour chaque ouvrier, est parfaitement recommandable. Cependant, dans le cas des usines de trop faible importance, cela peut être difficilement praticable.

ÉTUDE DES MACHINES. — Toutes les machines d'un atelier doivent être étudiées avec le plus grand soin, qu'elles soient anciennes ou nouvelles.

On devrait avoir dans les archives, un dessin de chacune des machines et des pièces détachées qui s'y rapportent. On devrait avoir également un catalogue contenant les caractéristiques de chacune des machines, et si nous voulons prendre l'exemple d'un tour, on devrait avoir :

Hauteur de pointe;
Distance entre pointe;
Longueur et largeur du banc;
Course du chariot;
Engrenage du tablier (rapport 80 à 1);
Boîte de vitesses donnant les avances de.....;
Poupée avec broches donnant vitesses de.....;
Moteurs, indications en chevaux, voltage, ampérage, cycles...;
Caractéristiques de l'embrayage et du débrayage;
Poulies de renvoi;
Dimensions totales de la machine;
Poids.

De même, pour toutes les autres machines existant dans l'atelier. On peut ainsi bénéficier du double avantage de pouvoir indiquer à première vue sur quelle machine tel ou tel travail doit être fait et de pouvoir, dans le cas d'un accident ou d'une réparation, faire remplacer immédiatement une pièce défectueuse et éviter les discussions habituelles avec le fabricant qui doit remplacer la pièce.

Courroies de transmission et moteurs. — Cette question qui est particulièrement importante est, cependant, celle qui est le plus généralement négligée dans la plupart des ateliers et c'est d'autant plus regrettable qu'elle ne comporte aucune difficulté caractéristique.

Actuellement, la plupart des machines sont correctement montées, avec des courroies convenablas quand on s'en tient aux indications du fabricant et encore faut-il, pour cela, qu'il s'agisse d'un atelier nouvellement organisé.

Au contraire, le cas le plus fréquent est celui d'une machine nouvelle montée en ligne avec d'autres machines plus ou moins différentes. On installe une poulie de renvoi sur l'arbre de transmission et on met en marche avec une courroie quelconque prélevée au magasin.

Le plus souvent, ce montage est fait d'une façon déplorable et sans tenir aucun compte des facteurs connus et qu'il est facile de se procurer dans un formulaire quelconque. Le plus souvent, la courroie est trop légère et la poulie de renvoi ne correspond nullement à la force motrice à transmettre.

Il est donc indispensable d'avoir, dans chaque usine, un homme qui soit capable de solutionner ces questions de montage courant et qui, d'autre part, soit capable de vérifier, périodiquement, l'installation des arbres de transmission, les roulements à billes, s'il y en a et, surtout, la tension des courroies.

Depuis quelques années, il semble y avoir un engouement très prononcé en faveur de la machine à moteur électrique indépendant et, sans vouloir discuter cette question qui n'est pas encore élucidée, il est bon de signaler combien, dans la plupart des ateliers, les installations sont mal faites et mal entretenues.

Entretien des machines. — Il devrait paraître inutile d'insister sur ce sujet et, cependant, on est souvent péniblement impressionné dans certains ateliers. Les machines sont mal entretenues, les engrenages sont usés et les vibrations disloquent la machine. C'est une lourde responsabilité pour un chef d'atelier, et il s'en rendrait souvent mieux compte s'il calculait les pertes dues à l'arrêt de ses machines.

On peut admettre que, dans un atelier normal, il y ait 10 p. 100 au plus de machines en réparation, mais au delà de ce chiffre, il y a lieu de craindre un manque de surveillance.

Matières premières et outillage convenable. — On ne peut exiger d'un ouvrier un travail acceptable si on ne lui fournit pas à la fois des matières premières et des outils convenables.

La première des conditions est celle des matières premières

convenables et il est regrettable de dire que cette considération qui est la base de l'industrie est souvent complètement ignorée. Il arrive fréquemment, en effet, que les matières premières sous la forme de pièces de fonte, de profiles, etc..., ne sont même pas examinées à leur arrivée dans l'usine; elles sont expédiées directement au magasinier qui les distribuera ultérieurement aux machines.

Comme il n'y a aucune inspection préliminaire et que, souvent, il n'y a pas de vérification entre chaque opération, il en résulte que la pièce n'est arrêtée qu'après avoir été complètement terminée. Cela comporte une perte de temps et d'argent qu'il est difficile de compenser.

Prenons, par exemple, le cas d'une pièce de robinetterie en fonte de cuivre qui, sans être vérifiée ou inspectée, est lancée dans la fabrication. Le premier qui puisse s'apercevoir des défauts de la pièce est l'ouvrier à la machine à décolleter; mais, comme il est payé aux pièces, il hésite quelquefois, et pour plus de simplicité, la pièce défectueuse est mélangée avec les autres et elle est envoyée au brasage et au montage.

Au moment de l'essai à la pression, la pièce défectueuse est enfin arrêtée; mais il faut la remplacer et on a perdu tout le temps et tout l'argent correspondant à l'usinage.

Il faut absolument éviter ces procédés de fabrication qui sont particulièrement fréquents et il faut que le chef de fabrication puisse, dans la limite du possible, avoir la certitude que le temps de ses machines et de ses hommes est employé à transformer une matière première convenable, au lieu d'être totalement perdu quand la matière première est défectueuse.

Cette vérification des marchandises reçues, avant de les faire entrer dans la fabrication, peut nécessiter, quelquefois, de petites installations supplémentaires, comme la vérification sous pression de la porosité d'une pièce de fonte, mais les dépenses qu'elles nécessitent sont largement compensées par les bénéfices réalisés dans l'atelier.

L'ouvrier doit avoir des outils. Il faut qu'au début de chaque travail, on lui fournisse tous les outils qui pourront lui être néces-

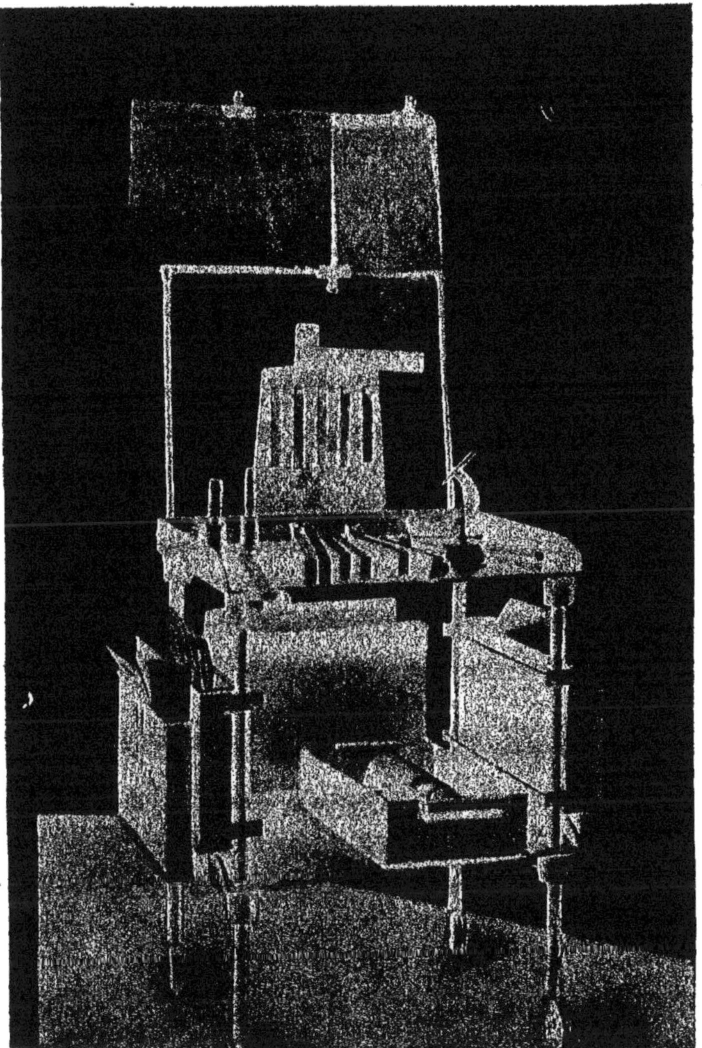

Table à outils pour ouvrier actionnant un tour.

saires, non seulement les outils eux-mêmes, mais tout le matériel nécessaire au montage (boulons de serrage, clavettes).

Il faut qu'il les ait sous la main afin de ne pas avoir à arrêter son travail ou la marche de sa machine pour aller chercher ailleurs un outil qui lui manquerait.

Le meilleur procédé employé jusqu'ici est de mettre à la disposition de l'ouvrier une petite table métallique aussi légère que possible, et sur laquelle il peut conserver tous ses outils, ses calibres et ses feuilles d'instruction.

La photographie ci-jointe représente une table de ce genre, préparée pour un ouvrier travaillant sur un tour ordinaire.

Sur la tablette supérieure, on peut reconnaître quelques outils, des compas d'épaisseur, deux tampons lisses et un micromètre. Sur la tablette inférieure, une caisse contenant la pièce à usiner avec la carte d'instruction.

De chaque côté de la table, se trouvent des casiers métalliques dans lesquels l'ouvrier peut trouver les dessins de chacune des pièces à usiner, les feuilles d'instruction, d'inspection et de paie.

Pour faciliter la lecture de toutes ces indications pendant l'exécution du travail, il peut suspendre les dessins et les imprimés sur la tablette verticale.

Il est du plus haut intérêt de donner à l'ouvrier toutes ces commodités, et si on est parfois découragé au début par son désordre, il faut, cependant, persévérer. D'ailleurs, l'ouvrier doit être responsable des outils qu'on lui fournit pour chaque travail déterminé.

Quelques usines dont les moyens financiers le permettent, fournissent à leurs ouvriers une petite caisse d'outils de précision, et, suivant les cas, cette caisse devient la propriété personnelle de l'ouvrier au bout d'une ou deux années de travail ininterrompu.

Affutage des outils. — Il est un fait scientifique reconnu par tous *qu'à chaque travail doit correspondre un outil donné avec une forme et un profil donnés.* Ces outils varient suivant que l'on veut usiner de l'acier, de la fonte, du laiton, et ils varient encore suivant la dureté de chacun de ces matériaux, leur traitement thermique, etc.

Le diamètre ou les dimensions de la pièce, la vitesse de coupe imposée, ont également une influence. Enfin, il faut considérer les outils de dégrossissage et les outils de forme ou de finissage.

Toutes ces variables ont une influence considérable sur la forme de l'outil correspondant à la vitesse de coupe et à la production maximum.

La seule énumération de tous ces facteurs donne une idée de la complexité du problème et, cependant, malgré la connaissance assez généralisée de cette question, les errements d'autrefois continuent dans un trop grand nombre d'établissements, la cause en est la suivante :

Le travail aux pièces a reporté sur l'ouvrier le soin de montrer sa bonne volonté et l'avantage d'en être récompensé par un salaire plus élevé. On est donc tenté de négliger totalement la question de l'outillage en se rapportant exclusivement à ce fait que l'ouvrier intéressé par la production saura bien choisir l'outil qui conviendra le mieux au travail qu'il exécute. C'est une erreur grossière. Il est généralement impossible à l'ouvrier de pouvoir évaluer l'influence de tous les facteurs précédents, et dans les cas où il en serait capable, il n'en aurait pas le temps, et son travail, et, par conséquent, son salaire en souffriraient. Il faut donc que les outils soient préparés et étudiés avant que le travail ne soit commencé, et qu'à ce sujet, l'ouvrier soit certain d'avoir à sa disposition des outils convenables.

En dehors même de la question précise de la vitesse de coupe, il y a la question de temps perdu et de l'allure de l'atelier. Tout le monde a pu constater à ce sujet les grosses fautes commises parfois et qui sont aussi préjudiciables aux ouvriers qu'au patron.

Prenons, par exemple, le cas d'un atelier de machines à aléser, où chaque ouvrier a toute latitude pour affûter ses outils comme il l'entend (les pièces alésées doivent être interchangeables).

Les résultats obtenus sont, en général, les suivants :

1° Les pièces ne sont pas interchangeables et il faut les rectifier ou les réparer ;

2° Les surfaces usinées présentent indifféremment des parties rugueuses ou des parties lisses (il faut les réparer par meulage).

3° Les outils qui avaient été forgés à des dimensions suffisantes pour permettre un usage assez prolongé, sont complètement inutilisables au bout de quelques jours par suite d'affûtages mal faits;

4° Les bons ouvriers qui prennent soin de leurs outils et qui par un tour de main ont obtenu d'excellents rendements, sont obligés de cacher leurs outils afin que le suivant de la prochaine équipe ne puisse les détériorer. Il arrive même fréquemment que pour le travail aux pièces, la différence d'un ouvrier à l'autre peut être constatée par la seule observation des outils.

5° Les ouvriers disposent pour l'affûtage de leurs outils d'une meule pour 10 ou 12 machines. Cette meule est parfois inutilisée pendant la journée, mais le matin, au commencement du travail, les ouvriers veulent tous affûter leur outil, et, s'ils arrivent les derniers, ils perdent souvent une demi-heure avant de pouvoir commencer leur travail.

6° Il est impossible de faire un affûtage convenable car la meule perd sa planite au bout de quelques jours. Il est donc indispensable que les outils ne soient pas mis en service avant d'avoir été complètement vérifiés à l'outillage. Cette vérification, faite avec des calibres en tôle, permet de constater rapidement l'exactitude de la forme, de l'angle de coupe et de l'angle de dégagement.

Les ouvriers ne peuvent que se féliciter de cette amélioration et les bons ouvriers n'auront pas à regretter leur tour de main, car on leur fournira des outils encore meilleurs et leur habileté professionnelle subsistera.

Les outils doivent être fabriqués, préparés et entretenus dans un département spécial et complètement indépendant de la fabrication courante. Cette installation comporte, en général, une installation de forge et de traitement thermique adjointe à un atelier d'ajustage avec des machines de précision et des machines à rectifier.

Tous les outils en service sont classifiés d'après leur forme et leurs angles de coupe, suivant qu'ils servent au dégrossissage, ou au finissage, etc. Les outils nécessaires à un travail déterminé sont délivrés par le magasinier de l'outillage moyennant un bon de

Outillage.
Les outils classés par catégorie de travail et de machines.

sortie qui permet de tenir une comptabilité exacte de tous les outils qui ont été délivrés.

Il semble que cette comptabilité ait quelque intérêt quand on considère le prix des aciers à outil à base de tungstène.

Carte d'instructions. — Grâce aux archives et aux renseignements soigneusement classés par le « préparateur », on peut déterminer pour chaque travail, les conditions de marche optima, mais cette compilation, tout en étant indispensable, ne suffit pas ; pas plus, d'ailleurs, qu'un travail théorique quelconque. S'il s'agit d'un travail nouveau, on le fait exécuter par deux ou trois contremaîtres, suivant les méthodes différentes et, au besoin, sur des machines différentes.

Les temps de ces opérations sont notés, puis quand la pièce est terminée, on compare les résultats obtenus et on choisit l'une des méthodes comme étant la meilleure. Cependant, elle peut être encore susceptible d'amélioration et on recommence les essais de fabrication, soit avec un contremaître, soit avec un ouvrier.

Peu à peu, on arrive à un résultat convenable en déterminant les caractéristiques de l'usinage de la pièce, l'avance et le serrage de l'outil, le nombre de tours, la vitesse de coupe, etc.

On note la position des leviers de commande, des poulies de renvoi. Enfin, on fait un dessin du montage qui correspond à l'usinage le plus correct et le plus rapide.

Il faut, quelquefois, plusieurs jours pour déterminer les conditions de fabrication d'une nouvelle pièce et il est particulièrement recommandable d'intéresser les ouvriers à ces recherches, car elles développent le champ de leurs connaissances et peut-être même de leur curiosité.

Après avoir étudié le problème aussi complètement que possible on peut affirmer que telle méthode est supérieure à toutes les autres, et que tel montage permet, par exemple, de gagner un certain nombre de minutes par opération.

Toutes ces conclusions sont communiquées au chef de l'outillage qui prépare les calibres et les outils nécessaires pour l'exécution du travail.

En ce qui concerne l'ouvrier, on prépare, à son intention, une carte d'instructions dont il a été parlé précédemment et sur laquelle il trouve toutes les indications nécessaires pour exécuter le travail, avec parfois un détail complet des mouvements à accomplir. Mais cela demeure l'exception et n'a été appliqué avec intérêt que dans des usines où les ouvriers ont à répéter le même mouvement un grand nombre de fois (pliage et empaquetage de mouchoirs, de rubans, etc.), et où l'étude de chaque mouvement a permis de gagner un temps considérable en diminuant la fatigue.

En général, la carte d'instructions est infiniment plus simple et on peut la considérer comme indiquant plutôt une méthode qu'un chronométrage en minutes et en secondes.

On a souvent objecté que cette carte d'instructions transformait l'ouvrier en automate et qu'elle pouvait lui retirer toute initiative. Cette idée assez communément répandue est particulièrement regrettable, car elle est fausse, et n'est basée sur aucune réalité pratique.

On s'explique cependant qu'un ouvrier non averti soit étonné de voir une feuille sur laquelle il se rend compte qu'il lui est alloué cinq minutes seulement pour examiner le dessin de la pièce à exécuter, mais il faut agir par la persuasion et démontrer à l'ouvrier que, la plupart du temps, il ne passe pas plus d'une minute et demie à regarder le même dessin.

Autrement dit, il faut agir lentement et arriver à ce résultat que l'ouvrier se sente en confiance et qu'il ne considère la carte d'instructions que comme une méthode détaillée à suivre. Il se rendra loyalement compte par lui-même, au bout de quelques jours, que la méthode est bonne et que, l'ayant appliquée plusieurs fois déjà, il n'a plus besoin de consulter sa carte d'instructions.

Il est absolument indispensable d'agir loyalement et d'expliquer aux ouvriers ce qui peut être fait. Il faut leur montrer tous les résultats obtenus, toutes les courbes de production, en un mot, il faut être consciencieux dans l'exposé du but poursuivi.

Réciproquement, il faut que les ouvriers aient confiance et qu'ils veuillent bien ne plus considérer que toute modification nouvelle est un acte de représailles ou d'hostilité. Sans aller aussi loin, il faut qu'ils montrent un esprit de réelle coopération et on doit dire que dans la plupart des cas cet esprit s'est cordialement manifesté.

Il est même arrivé que la coopération a été si considérablement dépassée que certains ouvriers ayant appris à faire certaines pièces avec une grande rapidité (grâce aux cartes d'instructions) sont allés utiliser leur expérience dans des usines fabriquant le même genre de pièces. Dès leur arrivée, ils obtiennent des salaires surprenants qui, souvent, conduisent à des difficultés entre les ouvriers eux-mêmes. Ci-joint une carte d'instructions relative à une opération d'usinage.

FEUILLE D'INSTRUCTIONS

Dessin n° 115.
Machine n° 26.
Nombre de pièces 10.

Ordre n° 253.
Temps nécessaire .....

NUMÉROS des opérations.	DÉTAIL DES OPÉRATIONS	AVANCE	VITESSE	TEMPS par pièce.	TEMPS total.
	Etudier la feuille d'instructions			5	50
	Montage de la machine . .			10	100
	Vérification des courroies .			3	30
	Montage de la pièce. . . .			5	50
	Centrage			2	20
	Mise en lunette.			2	20
	Montage de l'outil n° 19 . .			2	20
	Disposer commandes à division n° à vitesse de 20 R. p. m., à serrage de 1 mm., à avance de 1mm,5.			5	»
	Première passe de dégrossissage			20	200
	Changer outil et monter outil n° 2. Mêmes vitesse, serrage et avance que précédemment			2	20
	Deuxième passe de dégrossissage			15	150
	Démontage			1	10
	Total				

Nota. — Quand la machine ne peut donner ce qui est prévu sur cette feuille, l'ouvrier doit avertir le contremaître.

INSPECTION ET VÉRIFICATION DU TRAVAIL. — Pendant l'exécution du travail, le contremaître s'assure de temps à autre que les opérations sont convenablement exécutées et, s'il y a une erreur quelconque, il la corrige immédiatement afin de sauvegarder la qualité de la matière et d'instruire l'ouvrier.

Quand un lot de pièces est terminé, il faut que toutes les pièces ou un pourcentage élevé d'entre elles soient inspectées et vérifiées. Aucune pièce ne devrait entrer au magasin sans avoir auparavant été soigneusement visitée.

Les pièces défectueuses sont classées séparément et, suivant qu'il y a ou non faute de l'ouvrier, la rémunération est susceptible ou non, d'une légère amende ou pénalité. Mais dans la plupart des cas, cette pénalité est extrêmement bénigne et elle participe plutôt de l'ordre moral que de l'ordre matériel. La meilleure preuve en est dans la parfaite entente, étonnante d'ailleurs, qui existe entre les contremaîtres et les ouvriers.

INFLUENCE DE L'INSPECTION SUR LE MONTAGE. — Il paraît inutile d'insister sur cette question et il suffira de rappeler combien il est fréquent d'avoir à interrompre le montage d'une machine, par suite de quelques défauts, rencontrés sur une quelconque des pièces isolées. Ici, encore, l'inspection n'est pas dirigée contre les ouvriers, au contraire, elle est toute en leur faveur, car dans le cas actuel, elle protège le travail et le salaire de l'ouvrier monteur, en lui permettant de faire son montage avec un lot de pièces convenables.

COOPÉRATION. — A ce sujet, il faudrait ajouter des considérations philosophiques et sociologiques qui ne rentreraient pas dans le cadre de cette étude.

Il suffira de dire que les relations entre les patrons et les ouvriers doivent être empreintes d'un large esprit de coopération, de confiance. L'ouvrier participera au succès de l'entreprise moralement et matériellement, et on peut affirmer que, si les circonstances permettaient la création d'un semblable état d'esprit, la plupart des difficultés rencontrées jusqu'ici seraient automatiquement éliminées pour le plus grand bien de la communauté. On pourrait résumer cette question de la façon suivante :

« *Avec l'organisation scientifique, les intérêts véritables des deux partis sont les mêmes; la prospérité de l'employeur ne peut durer que si elle est accompagnée de celle de l'employé et inversement* » (Taylor).

CHAPITRE III

MODE DE PAIEMENT. — SALAIRE

Il est naturel que l'ouvrier retire un bénéfice de l'effort qu'il peut faire. Ce sentiment a déjà amené la transformation qui s'est opérée en passant du travail à la journée au travail aux pièces, et cela, malgré l'arbitraire qui a souvent présidé au fonctionnement de ce dernier.

Dans le but d'améliorer cet état de choses, de nouvelles méthodes ont été essayées.

1° Tarif différentiel aux pièces. — Ce système a été appliqué par M. Taylor. Le temps autorisé pour une opération est étudié au préalable, mais le tarif est différentiel, en ce sens que le prix aux pièces est augmenté si l'ouvrier produit davantage, et diminue s'il produit moins. De la sorte, l'ouvrier est récompensé de son augmentation de rendement, et réciproquement. Aucun fixe n'est garanti.

2° Système de Gantt. — Les temps, par opération, sont encore scientifiquement déterminés, mais, ici, l'ouvrier est certain d'obtenir un fixe par heure de travail. Si l'ouvrier accomplit le travail dans le temps voulu, il obtient un pourcentage supplémentaire. Par exemple, si le temps prévu est six heures et si l'ouvrier achève son travail pendant ce temps-là, il est payé pour huit heures, soit une augmentation de 33 p. 100. Cela permet de récompenser les ouvriers habiles en maintenant un fixe pour les ouvriers insuffisamment expérimentés.

3° Système Towne-Halsey. — Il diffère essentiellement des précédents.

L'étude du temps, scientifiquement considérée, n'est plus l'élément principal. Le point de départ est le temps qui a été nécessaire jusqu'alors pour faire le travail. Le fixe est garanti. Si l'ouvrier fait le travail en moins de temps, il obtient un certain pourcentage de l'économie réalisée, soit en général 30 p. 100.

4° Système Emerson. — Basé sur le temps scientifique employé par un bon ouvrier, et pas par le meilleur ouvrier. Un fixe est garanti.

On ne considère pas un seul travail, mais le temps mis par l'ouvrier sur une série de travaux. Si le temps total est égal au temps scientifique, le rendement est 100 p. 100. Pour un rendement de moins de 67 p. 100, on ne paye aucune prime. Quand l'ouvrier est à 100 p. 100, on lui accorde une prime de 20 p. 100. Au delà de 100 p. 100, l'ouvrier a une prime augmentant d'autant de points que son rendement augmente au delà de 100 p. 100. A 111 p. 100, par exemple, ce serait une prime de 21 p. 100. La croissance diminue donc lentement à partir de 100 p. 100. Ce système n'est pas recommandable.

5° Travail aux pièces, méthode scientifique. — Il a pour but de supprimer les discussions dues actuellement à la détermination des prix.

Le prix est basé sur une étude exacte du temps. Un fixe est accordé quand le temps n'a pu être observé sans qu'il y ait faute de l'ouvrier.

Il n'y a pas de limite au bénéfice des ouvriers, sauf modifications possibles dues à l'introduction de facilités nouvelles dans l'exécution du travail (*machines nouvelles*), et cela, d'accord avec l'ouvrier. L'ouvrier travaillera donc énergiquement, sans craindre la diminution du prix aux pièces.

Ce système donne une chance à tout le monde et ne garantit pas un fixe à un ouvrier qui ne produirait pas par sa faute.

Ce système est simple comme comptabilité et il est mieux compris par l'employé qui a confiance dans le système. Des exemples existent où par l'étude scientifique, le prix aux pièces a été réduit de 40 p. 100 sur le prix normal, mais les ouvriers l'ont accepté avec la garantie que, partant de là, ils ne seraient plus limités dans leurs gains.

Résultats obtenus. — Les résultats obtenus sont également importants à considérer.

A l'heure actuelle, amis et ennemis prétendent qu'il y a de grands progrès à faire et la plupart des industriels sont arrivés à un état d'esprit tel, qu'ils sont tout disposés à essayer de nouvelles méthodes.

Résultats obtenus sur les chemins de fer. — La seule compagnie qui ait appliqué l'organisation scientifique dans son ensemble, est la compagnie Atchison Topelos et Santa-Fé.

L'organisation fut conduite par M. Émerson et on prétend que, pendant les trois premières années, les économies réalisées ont atteint 25 millions de francs. Mais il faut reconnaître que les résultats obtenus sont beaucoup plus brillants dans un atelier unique que dans une vaste entreprise à sièges dispersés.

Il est inutile de rappeler les résultats obtenus pour la manipulation des gueuses de fonte, la pose des briques et les travaux de terrassement (étude sur la forme des pelles comparativement avec le poids de la matière à remuer ou à transporter). De brillants résultats ont été obtenus aussi dans les filatures.

Obstacles rencontrés. — Les résultats obtenus n'ont pas été toujours aussi satisfaisants qu'on était en droit de l'espérer. Cela semble dû, en général, à l'inexpérience du novateur ou au manque de confiance de la part de la direction de l'usine. Malgré tout, ces insuccès ont quelquefois été attribués au principe lui-même, sans se rendre compte qu'une erreur de pratique ne correspond pas à une erreur de principe.

Il semble donc que les principaux obstacles rencontrés jusqu'ici aient été :

Incompétence de l'organisateur;

Méthodes impraticables;

Rapidité trop grande ;

Organisateur arbitraire ne voulant pas tenir compte de l'opinion de la direction et de celle des ouvriers.

Organisation incompétente. — Il est fréquent qu'un ingénieur désigné pour l'installation d'une nouvelle organisation, ait trop peu le sens des affaires pour réussir. Il faut un sens profond des affaires et, souvent, il faut manifester un grand esprit de conciliation avec l'administration précédente. Il faut qu'il y ait accord parfait sur toutes les modifications apportées chaque jour, sans quoi l'échec est fatal.

Méthodes impraticables. — La critique la plus fréquente de l'organisation scientifique est qu'elle est trop théorique et que, pour si beaux que soient les principes, l'adaptation pratique est certainement difficile à concilier avec l'état de choses actuel.

A cela on peut répondre qu'aucune organisation scientifique ou autre n'a pu respecter toutes les conditions existantes avant son introduction.

Il faut avoir le droit de changer quelques conditions ou de tenir compte de ces conditions. C'est ainsi que, pour un même genre de travail, une usine peut disposer de meilleures machines, de meilleurs procédés de transport, de meilleurs ouvriers qu'une usine similaire. On ne peut donc pas exiger la même chose de ces deux usines.

Il se peut même que le rendement de l'usine la plus mal équipée soit supérieur au rendement de la mieux outillée.

Rapidité trop grande. — De graves échecs proviennent d'une trop grande impatience qui fait accomplir en quelques mois une œuvre nécessitant des années. On doit concevoir qu'il faut progressivement transformer la mentalité de la direction, puis celle des sous-ordres et enfin, celle des ouvriers. Il faut aller lentement et être assuré du soutien de la direction, tant au point de vue de la bonne volonté que de la patience.

Esprit arbitraire. — *L'homme scientifique n'a pas l'habitude de transiger.* Il faut donc s'attendre à ce qu'il soit intransigeant et arbitraire. Mais, si outre son esprit scientifique, cet homme est un ingénieur et un homme d'affaires, il saura que la perfection n'est pas de ce monde et il aura beaucoup plus de chances de réussir. Cela résulte beaucoup de l'*antagonisme qui existe encore entre l'homme théorique et l'homme pratique.*

Enfin, il faut tenir compte du facteur humain et éviter toute espèce de friction pendant la réorganisation. Les syndicats sont opposés à cette idée; ils ont tort; mais cette opposition doit être considérée et il faut agir par persuasion.

Conclusion. — L'organisation scientifique ne peut pas être rendue universelle instantanément. Pour atteindre le succès, il faut d'abord rendre toutes les circonstances extérieures favorables. Le monde est constitué d'individus, et il faut savoir qu'on ne supprimera jamais l'esprit individualiste.

Le premier et le plus important des éléments est de créer de meilleures relations entre patrons et employés, en démontrant que leurs intérêts sont les mêmes et que le rendement plus grand constitue un bénéfice et un avantage pour chacun d'eux.

Tous les systèmes de paiement indiqués précédemment ont leurs avantages et leurs inconvénients, et, suivant les cas, on peut préférer l'un ou l'autre. Mais tous dénotent un effort très intéressant vers l'application de la science aux relations des patrons avec les employés. Cet effort est d'autant plus louable que, le jour où l'un de ces systèmes serait admis par les ouvriers d'une façon générale, il en résulterait une grande amélioration dans la progression des affaires en général, par suite de la disparition de tous les éléments arbitraires ou personnels.

CHAPITRE IV

APPLICATION DU SYSTÈME AU SERVICE COMMERCIAL ET A LA VENTE

Reprenons les quatre grands principes de la méthode, à savoir :

1° Développement d'une science;

2° Sélection et éducation scientifique des hommes qui doivent accomplir le travail;

3° Coopération entre la direction et les employés;

4° Répartition équitable des responsabilités entre la direction et les employés.

Ces quatre principes ont été appliqués avec le plus grand succès au développement d'un nouveau système de vente.

Pour établir la comparaison, nous dirons quelques mots des anciens procédés.

Pendant longtemps, on a eu l'habitude de prendre un vendeur à son service sans autre recommandation que celle d'avoir été précédemment familier avec tel ou tel genre de vente. Le directeur qui agit ainsi se livre pieds et poings liés à son employé.

Prenons aussi le cas du voyageur qui part avec un catalogue et une série de prix. Le directeur commercial lui donne comme instructions d'obtenir le maximum de commandes. Il fait de son mieux pour gagner de l'argent; mais en dehors des commandes, il recueille partout une série de renseignements intéressants. Il les garde pour lui, parce qu'ils augmentent sa valeur personnelle et il sera à tout moment disposé à mettre son expérience au service d'une nouvelle maison qui le paiera davantage.

Cette indépendance du voyageur, sa connaissance approfondie du pays et de la clientèle le rendent indispensable et lui permettent d'en imposer à son directeur. Pourquoi? Par la seule raison que la direction, à aucun moment, n'a cherché à posséder pour elle-même les renseignements qui font *la valeur du bon voyageur de commerce.*

Nous n'entendons pas par là que la vie et le travail du voyageur de commerce soient agréables et faciles, loin de là ; mais il y a des cas exceptionnels où le voyageur est le maître incontesté. Il faut que la direction et le voyageur s'entr'aident, que le voyageur fournisse tous ses renseignements, qu'il travaille pour la maison, mais il faut en revanche que la maison le paie proportionnellement et qu'elle lui facilite la tâche.

Les inconvénients du procédé dont nous venons de parler se sont d'abord manifestés dans deux pays où la production devenait telle que le service de vente devenait un facteur primordial. Il s'agit de l'Allemagne et de l'Amérique. En Allemagne, on a créé de puissantes associations économiques ou cartels. En Amérique, l'initiative individuelle a triomphé.

Nous dirons quelques mots de l'application de la méthode Taylor au système de vente. Les résultats obtenus ont été remarquables.

La première phase de l'organisation d'un pareil travail consiste à faire une liste complète de tous les établissements qui peuvent être ou devenir des clients. Puis, pour chaque usine, on fait une feuille conforme au type ci-contre et qui peut varier suivant le genre d'industrie.

VOYAGE 66. N° 15.

Ville .... Département ......
Nom ....
Rue ....
Usine de ....
Directeur, M. .... Ingénieur, M. ....
Service commercial, M .... Contremaître, M. .....
Bureau d'achats, M. ....
Genre de travail ....

Nombre d'hommes employés.

MOULEURS sur table.	(1) FONTE de fer.	(1) FONTE de cuivre.	(1)	

Production journalière.

FER	ACIER	FONTE malléable.	BRONZE	ALUMINIUM

Interviewé M. Titre .....
Date ....
Pourrait utiliser ....
Ai donné des prix sur ....
Sera sur le marché ....

MACHINES EN SERVICE			MACHINES PROPOSÉES			OBSERVATIONS
Type.	Nombre.	Fabricant.	Type.	Nombre.	Fabricant.	Remarques de l'usine au sujet de machines précédemment livrées.

Simultanément, sur une carte du territoire, on porte les indications indispensables. A chaque endroit, par exemple, on colle un petit onglet portant le nombre de clients possibles dans la localité.

Une étude de cette carte a permis de se rendre compte des possibilités du travail des vendeurs de la maison. Ces vendeurs qui demandaient toujours une augmentation de territoire pour augmenter leur bénéfice ont été convaincus peu à peu qu'ils ne pouvaient voir chaque client qu'*à peine une fois par an*. On a réduit leur territoire pour les obliger à s'occuper aussi bien des affaires difficiles que des affaires faciles. Autrefois, le vendeur, en s'occupant d'un territoire beaucoup trop considérable, ne s'occupait que des commandes faciles à obtenir. L'adoption du nouveau système a produit une augmentation de 50 p. 100 du chiffre d'affaires dans l'année.

ORGANISATION DES VOYAGES

Quand la carte est complètement établie, on étudie, en tenant compte des facilités de communications, des voyages circulaires types qu'on classe, qu'on numérote et qu'on répartit par périodes dans l'année. Aucune dérogation ne peut être faite à ce sujet sans ordre de la direction. Ce procédé a trois avantages.

1° La visite sérieuse et complète de toute la région affectée à un voyageur ;

2° L'élimination des pertes de temps ;

3° L'économie des dépenses de voyages inutiles.

Il résulte donc de toute cette organisation et des feuilles remplies par le voyageur, que le chef du service commercial peut, à chaque instant, et par un simple coup d'œil, être au courant des quatre faits suivants :

1° Adresse du voyageur ;

2° La liste des visites que le voyageur vient de faire ;

3° La liste des visites qu'il va falloir faire ;

4° La liste des visites qu'il faudra faire pendant les mois suivants.

La feuille ci-dessous indique le fonctionnement de la classification. De la sorte, la direction est continuellement au courant des renseignements indispensables, et elle peut retrouver des renseignements datant de plusieurs années. Enfin, si un voyageur est surchargé, elle peut envoyer un autre voyageur en lui donnant tous les renseignements nécessaires, et si un voyageur quitte brusquement la maison, il peut être remplacé immédiatement par une autre qui fera un travail utile avec les renseignements déjà obtenus et classés.

OUEST SUD-OUEST

Adresse du voyageur ....
Date ....
Nom ....
2 jours après ....
3 jours après ....
4 jours après ....

VOYAGE 66. N° 15.

Visite faite à ....
Renseignements, lettres n°s 63, 64, 65, 66, 67, 68.

Janvier, février, mars.

MODE DE PAIEMENTS

On peut imaginer plusieurs méthodes de paiement qui satisfassent les deux parties : la direction et le voyageur. Nous citerons l'exemple suivant qui a été adopté par un certain nombre d'établissements.

On offre deux gratifications par mois aux deux voyageurs qui auront obtenu le plus de points pendant le mois. Les points sont donnés selon une répartition qui varie suivant le genre de commerce. Cet exemple peut être intéressant à titre de renseignement seulement :

37.5 points, pour avoir obtenu le maximum des commandes en valeur;

37.5 points, pour le maximum du nombre des commandes;

25 points, pour avoir obtenu le deuxième rang des commandes en valeur ;

25 points, pour avoir fait le plus grand nombre de visites.

Les protagonistes de cette répartition disent que ce n'est qu'un premier pas vers la véritable solution.

Nous terminerons en disant que de gros efforts ont été faits dans ce sens, mais il pouvait être intéressant de présenter en quelques mots un état de choses auquel les industriels américains s'intéressent vivement.

CHAPITRE V

NOTE AU SUJET DE LA COUPE DES OUTILS ET DES ACIERS RAPIDES

Il peut être intéressant au moment où on cherche à créer un état d'esprit scientifique à la base de tous les efforts industriels, d'indiquer succinctement les progrès énormes qui ont été réalisés en vue d'améliorer la vitesse de coupe des outils.

Ces progrès ne sont pas dus à une invention géniale, à une découverte déconcertante, mais, bien au contraire, à l'application de l'esprit scientifique à une question déterminée. De déductions en déductions, on est arrivé à la conception actuelle des aciers rapides.

Il serait totalement inutile de développer cette question dans tous ses détails, mais il peut être bon d'indiquer aussi brièvement que possible de quelle façon le problème a été résolu après avoir été scientifiquement posé.

Cette question est d'autant plus passionnante que, par un simple retour sur soi-même, on se demande si on ne devrait pas appliquer la même méthode à toutes les opérations journalières que l'on rencontre dans sa propre usine, mais les préoccupations courantes, la vie elle-même nous entraînent et nous empêchent de pousser un raisonnement momentané à sa conclusion pratique. Il ne faut cependant pas se décourager si la conclusion n'arrive pas aussi vite qu'on le désirerait; car pour cela, il faudrait consacrer la plus grande partie de son temps à des considérations et à des raisonnements théoriques.

Nous ne pouvons pas toujours le faire, car, avant tout, *nous devons produire*. Contentons-nous donc, chacun dans notre sphère d'acquérir, le plus possible un esprit scientifiquement pratique, et tout en produisant, ce qui est notre premier devoir, nous aurons la satisfaction d'améliorer les procédés actuels, non pas par une théorie générale, mais par de petites modifications journalières qui, peu à peu, constitueront un ensemble.

L'étude du développement des aciers rapides, prodigieusement intéressante au point de vue des résultats obtenus, l'est également par suite de ce fait que son succès est dû à l'application pratique de la science et, plus encore, de l'esprit scientifique.

Nous indiquerons donc sommairement les différentes phases de cette étude faite par M. Taylor dans un atelier d'usinage.

M. Taylor, à cette époque, était contremaître dans un atelier où la diversité du travail était extrême et où on utilisait des tours, des raboteuses, des machines à percer, des fraiseuses, etc.

Pour chaque nouveau travail, le problème était le suivant :

1° Quel outil doit-on employer?

2° Quelle vitesse de coupe doit-on déterminer?

3° Quelle avance de l'outil sera la meilleure?

On peut affirmer que les mêmes questions sont encore à l'ordre du jour dans la plupart des ateliers d'usinage, et on peut également affirmer que, dans la plupart des cas, le travail est commencé et souvent terminé avant que la solution des trois questions précédentes ait été déterminée.

Étant donnée la vaste complexité du problème, tout le travail de M. Taylor a été relatif aux outils de dégrossissage et, jusqu'à présent, aucune étude analogue n'a été faite sur les outils de finissage ou les outils de forme.

Avant de pouvoir déterminer la vitesse de coupe, et l'avance dans chaque cas, il a fallu examiner les différentes variables que comporte le problème et qui sont les suivantes :

1° Quantité du métal à usiner;

2° Diamètre de la pièce;

3° Profondeur de coupe;

4° Épaisseur du copeau;

5° Élasticité de la pièce et élasticité de l'outil;

6° Forme de l'outil (forme, angle de coupe, angle de dégagement);

7° Influence d'un lubrifiant;

8° Fréquence de l'affûtage de l'outil;

9° Pression du copeau sur l'outil;

10° Puissance motrice de la machine.

L'énumération de ces variables donne une idée du problème à résoudre et il est, peut-être, intéressant d'ajouter qu'il a fallu vingt-six années de recherches avant d'avoir pu obtenir une solution satisfaisante. Plus de 16.000 expériences ont été effectuées et on a successivement étudié chacune des variables en maintenant la constance de tous les autres facteurs.

L'action de chacun des facteurs sur la vitesse de coupe a été déterminée par la recherche de la vitesse de coupe qui correspond à la destruction d'un outil donné au bout de vingt minutes. Ce chiffre de vingt minutes a été conservé pendant toute la série des expériences.

Le début des recherches faites par M. Taylor a été marqué d'insuccès, malgré l'aide et l'appui des directeurs de l'usine. Cependant, deux résultats dominent toute cette période. Ce sont les suivants :

1° Un courant d'eau arrosant complètement le copeau et l'outil permet d'augmenter la vitesse de coupe de 30 à 40 p. 100.

2° On peut augmenter encore la vitesse de coupe en modifiant la forme des outils; le meilleur rendement étant obtenu avec des outils de forme arrondie.

A part ces deux faits d'ordre général, la solution du problème n'était pas encore approchée, et, cependant, à la même époque, des études analogues étaient entreprises en Angleterre et en Allemagne par des sociétés privées. Les résultats obtenus par ces dernières ont été publiés presque aussitôt et ces études indiquent qu'au lieu d'étudier chaque facteur séparément et indépendamment des autres, les expériences avaient été faites en étudiant plusieurs variables simultanément, ce qui est l'antithèse de toute expérience scientifique.

M. Taylor continua patiemment ses recherches et démontra, peu à peu, que les résultats obtenus en Angleterre et en Allemagne étaient totalement erronés. Cependant, il a grandement bénéficié du travail du Dr Nicholson (Manchester), l'inventeur d'un appareil particulièrement intéressant, permettant d'évaluer la pression du copeau sur l'outil.

Cet appareil avait même le grand avantage de permettre l'évaluation de cette pression décomposée en ses composantes, suivant trois directions.

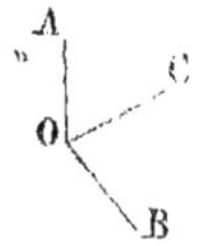

A
C
O
B

1° Pression verticale (A, O);

2° Pression suivant le rayon ou pression radiale (O, B);

3° Pression dans un sens parallèle à l'axe (O, C).

Ces expériences ont permis d'établir des diagrammes et d'expliquer en partie la vibration et le broutage des outils en marche normale. Ces vibrations sont dues à des variations périodiques de la pression du copeau sur la surface de l'outil.

Mais aucun des résultats obtenus ne permettait de pousser plus avant la question la plus importante qui est celle de la vitesse de coupe.

M. Taylor continua alors ses expériences à la *Midvale Steel C°*, puis à la *Bethlehem Steel C°*, et pendant plusieurs années, il étudia l'action de la forme de l'outil sur la vitesse de coupe.

Il rechercha successivement la forme extérieure de l'outil et celle des copeaux obtenus, puis, sur une série d'outils de même forme extérieure, il modifia successivement l'angle de coupe et l'angle de dégagement. Dans chacun des cas, ainsi que nous l'avons précédemment indiqué, il faisait varier la vitesse de coupe jusqu'à ce que l'outil étudié soit rendu inutilisable au bout d'une période de vingt minutes.

En général, l'examen de l'outil après usure indiquait qu'il avait été détérioré suivant l'une ou l'autre des trois façons suivantes :

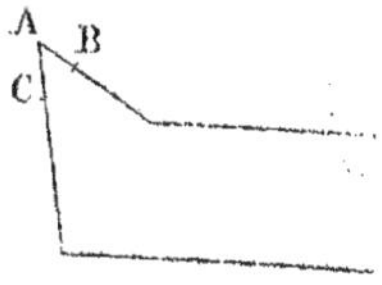

A
B
C

1° L'arête coupante était émoussée ;

2° Le métal était désagrégé en B sur la face supérieure de l'outil ;

3° La face A, C se déformait et indiquait des traces d'usure.

Peu à peu, et après des milliers d'expériences, certaines formes d'outil furent déterminées comme convenant à des vitesses de coupe maxima avec l'acier dont on disposait.

Tous les facteurs ayant une action directe sur les vitesses de coupe ont été successivement étudiés et classés selon leur importance. Ce classement peut être indiqué avec quelque utilité car il a renversé une quantité de notions admises précédemment et qui sont, malheureusement, encore trop répandues dans le domaine général de la pratique.

Ces résultats sont les suivants par ordre d'importance en ce qui concerne leur influence sur la vitesse de coupe.

1° La qualité du métal à usiner (sa dureté et ses autres caractéristiques mécaniques). Cette influence varie dans la proportion de 1 à 100 selon qu'il s'agit d'acier dure trempe ou d'acier extra doux.

2° La composition chimique et le traitement thermique de l'acier à outil variant dans la proportion de 1 pour de l'acier au carbone trempé, à 7 pour les aciers rapides.

3° L'épaisseur du copeau à enlever mesurée sur la pièce avant son découpage (car, après découpage, le copeau est désagrégé et difficile à mesurer).

La proportion varie de 1 pour une épaisseur de copeau de 4 millimètres à 3,5 pour une épaisseur de $0^{mm},3$.

4° La forme extérieure de l'arête coupante de l'outil non point tant à cause de sa forme que par l'épaisseur du copeau qu'il soulève. La proportion varie de 1 pour un outil à crochet pour filetage à 6 pour un outil largement arrondi.

5° Action d'un courant d'eau ou d'un autre procédé de refroidissement quelconque variant dans la proportion de 1 pour un outil travaillant à sec à 1,41 pour un outil travaillant sous un fort arrosage.

6° Profondeur de coupe (moitié de la diminution du diamètre sur la pièce tournée), dans la proportion de 1 pour une profondeur de coupe de 12 millimètres à 1,36 pour une profondeur de 3 millimètres.

7° Temps de coupe, c'est-à-dire le temps pendant lequel l'outil doit servir sans avoir à être renouvelé ou réaffûté.

Proportion de 1 pour un meulage toutes les heures et demie à 1,27 pour un meulage toutes les ving minutes.

8° Angle de la tranche coupante de l'outil dont l'influence varie dans la proportion de 1 pour un angle de 68° à 1,023 pour un angle de 61°.

9° L'élasticité de la pièce et de l'outil dans la proportion de 1 pour un outil qui vibre à 1,15 pour un outil qui ne vibre pas ou ne broute pas.

Toutes ces variables ont été étudiées séparément, et il ne rentrerait pas dans les limites de cette étude sommaire de détailler toutes ces expériences. Mais il suffit de considérer les résultats obtenus pour se rendre compte du travail persévérant qu'il a fallu pour arriver aux conclusions précédentes.

Plus encore, il a fallu un esprit scientifique dans toute l'acception du mot, capable d'éliminer successivement tous les facteurs afin d'en étudier complètement un seul.

Si on reprend la liste des éléments indiqués dans le tableau précédent, on constate que le facteur le plus important est celui de la composition et ses constantes mécaniques du métal à découper. Mais dans la plupart des cas, ce facteur est imposé par les conditions mêmes du travail. On ne peut pas changer la pièce qu'il faut usiner puisqu'elle est l'élément de base. Il faut donc envisager la deuxième question par ordre d'importance, à savoir celle de la composition chimique et du traitement thermique de l'acier à outil.

Ici encore, il a fallu procéder méthodiquement et si la découverte des aciers rapides a été due partiellement au hasard, il faut cependant reconnaître que l'importance de ce dernier a été considérablement limitée. Il fallait déterminer la meilleure composition chimique et surtout, le meilleur traitement thermique permettant d'augmenter considérablement la vitesse de coupe. Les outils étaient faits avec un acier conforme à la composition chimique suivante :

TUNGSTÈNE	CHROME	CARBONE	MANGANÈSE	SILICIUM
5,4	0,39	2,15	1,57	1,044

Cet acier qui était alors considéré comme le meilleur des aciers, donna, à plusieurs reprises, des résultats tout à fait défectueux et par une observation attentive des températures de forge et de trempe, ces résultats furent attribués à une légère surchauffe qui désagrégeait le métal. Mais ces renseignements étaient jugés insuffisants et des essais successifs furent faits en utilisant des températures échelonnées de 25 en 25°, depuis le rouge naissant jusqu'au voisinage du point de fusion.

Les essais avaient pour but de solutionner les trois questions suivantes :

1° La détermination de la température donnant aux outils une vitesse de coupe maxima;

2° La détermination de la zone des températures dangereuses et donnant des outils sans aucune résistance.

3° La recherche d'un traitement thermique qui permettrait de rendre aux outils désagrégés leur valeur et leur résistance initiales.

En étudiant les résultats obtenus en chauffant à des températures échelonnées de 25 en 25°, et vérifiant, chaque fois, la résistance des outils obtenue, on délimita la zone dangereuse.

Les outils chauffés à des températures variant entre 840 et 925° n'avaient aucune résistance.

En élevant encore la température de chauffe, au delà de 925°, on constata que la vitesse de coupe obtenue croissait avec la température à laquelle l'outil avait été chauffé et cela, jusqu'au voisinage du point de fusion. Ce fut l'origine de l'invention du traitement thermique des aciers à coupe rapide et il est inutile d'insister sur l'importance de cette découverte.

Partant de ce principe qu'une sensible amélioration avait été obtenue dans le traitement thermique des aciers à outil, les expériences furent reprises pour déterminer l'influence des divers constituants chimiques sur la qualité de l'outil.

L'action du tungstène, du chrome, du molybdène, du vanadium fut successivement considérée et à chacune de ces séries d'expériences correspondait une amélioration dans la qualité des outils et une augmentation notable des vitesses de coupe.

Le tableau suivant indique la progression des résultats obtenus :

TABLEAU DES COMPOSITIONS CHIMIQUES ET DES VITESSES DE COUPE OBTENUES SUR DE L'ACIER MI-DUR

TUNGSTÈNE	CHROME	CARBONE	MANGANÈSE	VANADIUM	SILICIUM	PHOSPHORE	SOUFRE	VITESSE en mètres par minute.
»	»	1,04	0,18	»	0,20	0,017	0,017	4,85
5,441	0,398	2,150	1,578	»	1,044	»	»	7,92
8,00	3,80	1,85	0,30	»	0,15	0,025	0,030	17 à 18
18,91	5,47	0,67	0,11	»	0,29	0,043	»	30

Le but poursuivi était complètement atteint. Depuis cette époque, les principes énoncés ont été universellement reconnus et appliqués. Seules, des modifications de détail dans la fabrication ont été introduites. C'est, à mon avis, la plus belle manifestation de ce qu'on peut obtenir quand on a la volonté et la persévérance d'étudier une question dans tous ses détails.

Dans toutes ces recherches, on ne trouve pas la marque d'un trait de génie, d'un esprit intuitif essayant de vérifier une hypothèse théorique, mais au contraire, un homme possédant un esprit scientifique très accusé et cherchant, pendant vingt-six ans, la solution du problème dans les faits eux-mêmes.

INFLUENCE DE LA DÉCOUVERTE DES ACIERS À COUPE RAPIDE SUR L'ORGANISATION ET LA MARCHE D'UN ATELIER

L'industrie, après cette mise au point définitive des aciers à coupe rapide, a été mise en présence du fait précis suivant :

Avec une même machine, le travail fourni peut être augmenté dans la proportion de 1 à 6, en utilisant les nouveaux aciers au tungstène. Cela équivalait à une révolution totale des procédés industriels et de l'outillage en général. Il fallait donc envisager de nouvelles méthodes et il fallait faire accepter ces méthodes par la masse.

Personne au monde n'a eu plus de considération pour l'ouvrier et le mécanicien que M. Taylor lui-même, et cela tenait à sa tournure d'esprit en général, et aussi à ce fait qu'il avait été un ouvrier lui-même et qu'il avait péniblement gravi les échelons qui l'ont conduit de la situation de simple mécanicien à celle d'ingénieur conseil et de directeur d'usine.

Il a voulu faire bénéficier l'ouvrier de l'augmentation de production inhérente au nouvel outillage et il a édifié tout le système qui porte son nom et qui n'est autre chose *qu'une étude scientifique du travail, des responsabilités et des bénéfices*.

Toute son œuvre a été tendue alors vers l'augmentation de la production, soit par la création d'une règle à calcul permettant de déterminer la vitesse de coupe en fonction des diverses autres variables, soit en consacrant tous ses efforts à l'étude des courroies de transmission et à leur influence sur le rendement général d'un atelier, soit enfin, en étudiant le facteur humain et en essayant de démontrer qu'en opérant avec méthode, on peut augmenter la production sans augmenter l'effort.

Il est infiniment regrettable que l'œuvre de M. Taylor ait été limitée à l'étude des outils de dégrossissage et qu'il n'ait pas eu le temps d'étudier, avec le même soin, le fonctionnement et l'emploi des outils de forme ou de finissage, car, depuis cette époque, on a complètement négligé cette question au point de vue théorique, et même, pour les outils de dégrossissage, il semble que bien peu de progrès importants aient été réalisés depuis une dizaine d'années.

QUATRIÈME PARTIE

CHAPITRE PREMIER

MANUTENTION DU CHARBON DANS LES PORTS

L'étude suivante résume tous les types de déchargements qu'on peut rencontrer dans les ports de l'Atlantique. La plupart des charbons étant soit de l'anthracite, soit du charbon gras ; rarement du coke.

Il s'agit des ports de New-York, New-Jersey, Philadelphie, Baltimore et Norfolk ; et, dans l'exposé suivant, on comprend dans un même *ensemble* le chargement sur vapeurs de fort tonnage, et sur gros chalands ; ces derniers servant d'intermédiaires entre la voie ferrée et le vapeur qui ne peut pas toucher à l'appontement.

De la généralité des cas observés on peut ramener l'étude des quais de déchargement à trois types principaux auxquels on peut rattacher tous les autres :

1° Quais où la manœuvre des wagons est totalement ou partiellement due à la gravité ;

2° Quais où le déchargement est opéré par une force motrice extérieure ;

3° Quais où on utilise à la fois la gravité et la force motrice.

1° Quais a manœuvre automatique par gravité. — On peut ramener ces quais à neuf types caractéristiques ; la gravité y joue un rôle total ou partiel et dans ce cas on emploie, pour la manœuvre des wagons, soit des locomotives, soit des câbles et chariots d'entraînement. En principe, la locomotive de refoulement paraît plus pratique que le câble.

N° 1. — Ce type paraît être celui du quai idéal ; car le mouvement des wagons pleins et des wagons vides se fait automatiquement dans les deux cas, et sans aucune force motrice. Mais il est difficile à réaliser, car il exige une grande largeur de quais et de voies qui est rarement possible. On en trouve cependant un exemple à Philadelphie.

N° 2. — La voie est horizontale, et le mouvement aller et retour se fait avec des locomotives.

N° 3. — La locomotive n'est utile que pour le refoulement des wagons pleins.

N° 4. — Les wagons pleins sont hissés à la hauteur voulue à l'aide d'un câble et d'un chariot extérieur ; les wagons vides reviennent par la gravité sur une voie identique.

N° 5. — Ce type est particulièrement avantageux quand on a un espace suffisant pour installer la voie de garage de chaque côté du quai.

N° 6. — Le wagon plein est d'abord hissé, puis il arrive au déchargement par la gravité et le wagon vide repart aussi sur une voie moins inclinée, par la gravité.

N° 7. — Ce type est employé quand les garages de wagons pleins et de wagons vides sont juxtaposés et très rapprochés du quai de déchargement.

N° 8. — Assez usité à Baltimore ; il n'y a qu'une courte montée effectuée par un chariot entraîneur.

N° 9. — Identique au précédent, sauf que le chariot doit amener le wagon plein à hauteur du pont de déchargement.

Dans chacun des schémas ci-contre, les flèches indiquent le mouvement d'arrivée des wagons pleins et de départ des wagons vides.

A la tête du quai, les wagons sont reçus, soit sur plaques tournantes, soit sur des aiguillages automatiques contrôlés par un homme, qui les renvoie dès qu'ils sont vides. Il faut noter que partout le wagon vide revient par la gravité, et profite de la hauteur du quai par rapport aux voies de garage.

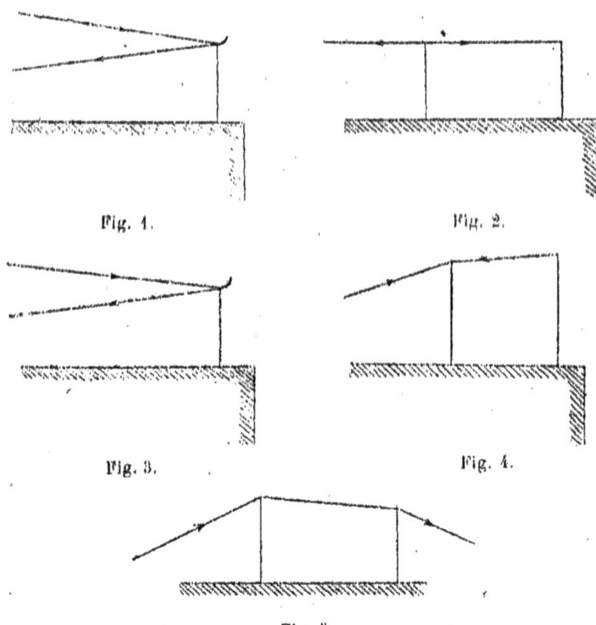

Fig. 1.

Fig. 2.

Fig. 3.

Fig. 4.

Fig. 5.

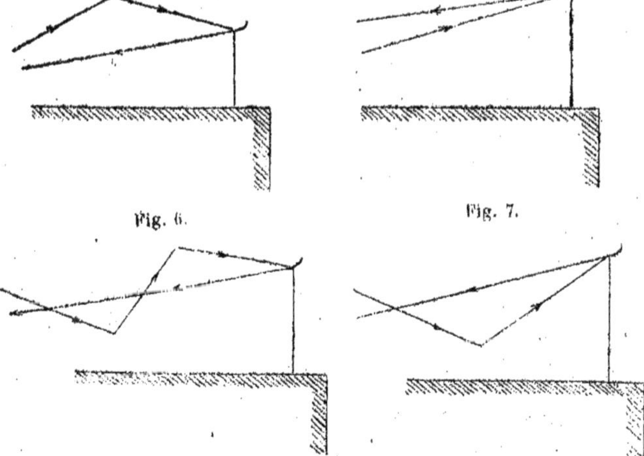

Fig. 6.

Fig. 7.

Fig. 8.

Fig. 9.

2° Quais à déchargement mécanique. — On entend par là l'emploi d'un procédé d'élévation exclusivement mécanique et nécessitant l'emploi d'une force motrice assez considérable.

La plupart de ces appareils emploient des basculeurs et la différence entre les deux types principaux consiste en ce que, dans le type n° 1, le wagon est directement basculé dans le bateau et que, dans le type n° 3, on est obligé de verser le charbon dans une poche intermédiaire, le plus souvent constituée par un wagonnet.

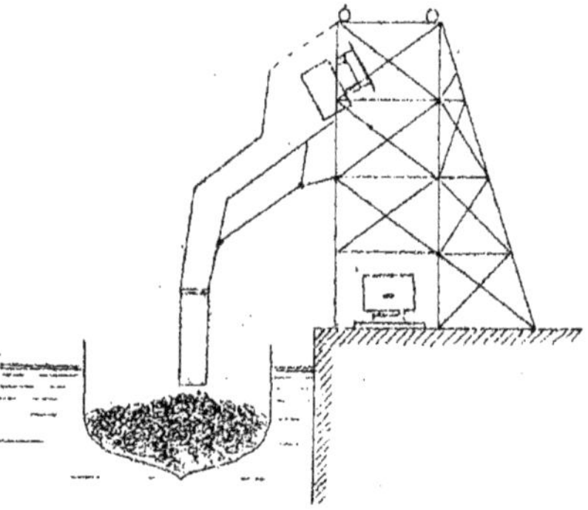

Type n° 1.

N° 1. — Le wagon est amené par rails sur un berceau à l'intérieur d'une tour, le plus souvent en bois; il est élevé par un monte-charge et renversé par un basculeur du type Wellman-Seaver Morgan, par exemple.

Le charbon est reçu dans une poche inclinée, et distribué dans le chaland ou le navire grâce à une chute télescopique qui permet de le distribuer au point voulu en évitant la casse.

N° 2. — On peut aussi utiliser, quand la disposition des lieux s'y prête, comme sur un des quais de Port-Richmond à Philadelphie, un quai surélevé sur lequel arrivent les wagons refoulés par une locomotive; les wagons s'ouvrant, soit latéralement, soit par le fond, sont déchargés dans des trémies correspondantes et distribués par les chutes télescopique manœuvrées soit à la main, soit à l'aide de moteurs.

On peut ainsi décharger 10 wagons de chaque côté soit 20 wagons en tout, à la fois, et le tout nécessite vingt minutes environ

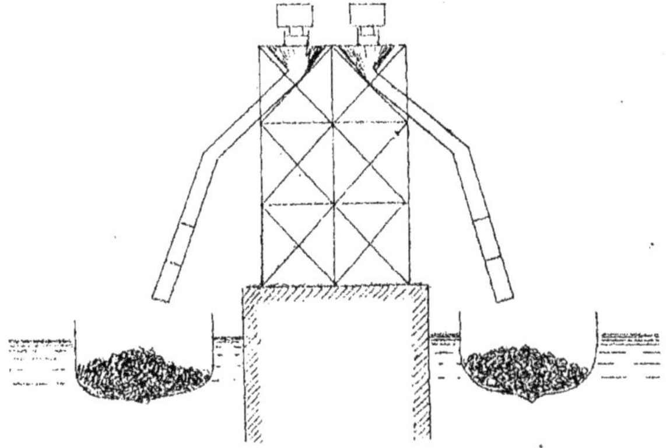

Type n° 2.

pour le déchargement seul. Il faut y ajouter le temps nécessaire pour refouler les wagons et retirer les wagons vides.

N° 3. — C'est un type à peu près identique au n° 2, mais utilisé surtout dans le cas où il est impossible d'avoir un grand quai.

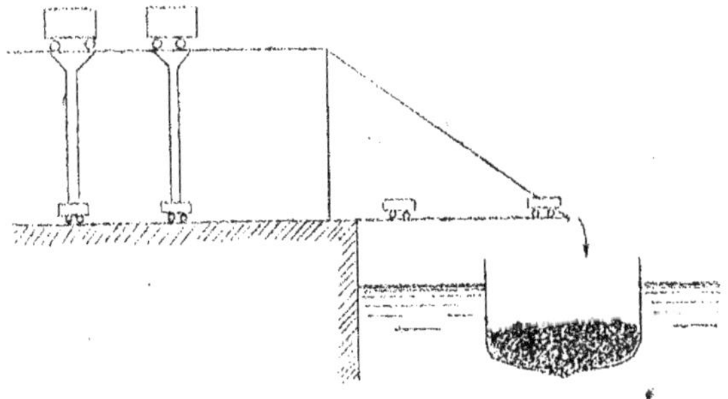

Type n° 3.

On déverse le charbon à la rive comme dans le n° 2 ; mais les chutes servent à garnir des wagonnets qui peuvent circuler sur une faible estacade et peuvent alimenter tous les bateaux qui ne peuvent payer les frais du charbonnage à une grande estacade.

3° QUAIS A SYSTÈME MIXTE. — Ces quais qui permettent de manutentionner des quantités énormes de charbon, sont de beau-

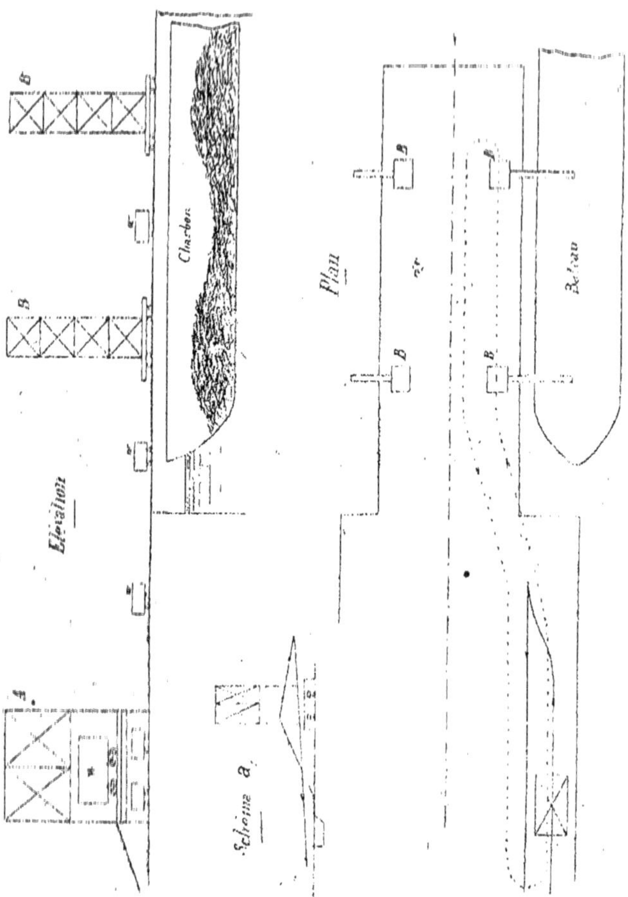

coup les plus importants et les plus répandus aux États-Unis, quoique coûtant infiniment plus cher.

Ci-joint la description sommaire du type le plus répandu et dont un exemple très remarquable vient d'être construit tout dernièrement à Norfolk.

Le principe est le suivant : le wagon arrive à son déchargement et en repart par un des procédés de gravité indiqués dans le premier cas. Le wagon est déchargé dans des wagonnets spéciaux appelés « docks cars » (ou wagons de dock) qui vont en avant vers les appontements et sont ensuite déchargés par un procédé mécanique.

Soit un quai en maçonnerie se terminant à l'avant par une partie moins large, soit en maçonnerie également, soit sur pilotis. Étudions la moitié de l'installation seulement, l'autre étant absolument symétrique.

Le wagon plein W arrive dans la tour par l'action d'un chariot entraîneur; le wagon W déchargé continue son mouvement en avant par la gravité, rencontre un butoir qui le relance par la gravité sur une voie latérale allant au garage de wagons vides. Les traits en plein indiquent la voie suivie par ce wagon W de 40 tonnes.

En dessous circulent une série de wagonnets *w* qui se chargent par la simple ouverture d'une trémie, et qui sont entraînés par un câble vers les tours B.

Ces tours B contenant des élévateurs à godets peuvent se mouvoir sur rail parallèlement au quai; le wagon *w*, grâce à un taquet d'ouverture placé en l'une ou l'autre tour, se décharge au-dessus d'une trémie d'où le charbon est repris par une chaîne à godets qui l'élève et le déverse dans le bateau par l'intermédiaire d'une chute télescopique quelconque. Le mouvement est absolument continu et automatique sauf la surveillance de 4 ou 5 hommes pour l'ensemble de l'installation.

On dispose également une deuxième série d'appareils identiques sur l'autre partie du quai, et d'une façon symétrique.

On peut apporter à ce système de transfert toutes les modifications imposées par les circonstances, et on peut mentionner pour mémoire deux types différents indiquant quelques changements, mais nécessitant cependant l'emploi des wagonnets spéciaux, dits wagons de docks.

Dans le cas de la figure 6 les traits pleins indiquent le trajet des wagons normaux, il est identique au précédent; le tracé pointillé indique le trajet du wagonnet suivant 1,2,3,4,5 ; le trajet 2 est un plan incliné avec chariot extérieur.

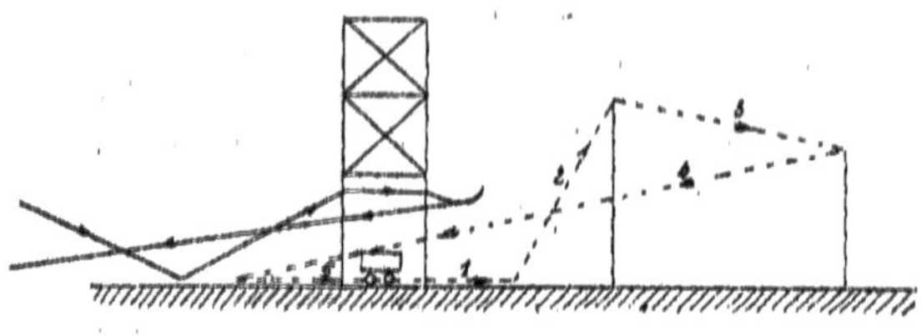

Fig. 6.

Dans la figure 7 les wagons pleins suivent le même trajet que précédemment, mais pour le trajet 7 des wagonnets on emploie un élévateur au lieu d'un plan incliné.

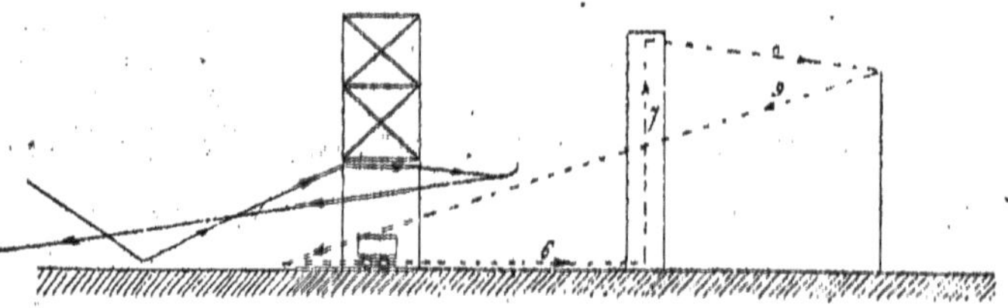

Fig. 7.

La plus importante de toutes ces installations, est celle de Sarth Amboy dans le New-Jersey qui appartient au « Pensylvania Railroad ».

Equipement de ces installations. — Nous allons passer en revue la partie principale d'une grosse installation du genre précédent, et voir quelles en sont les caractéristiques.

Au point de vue des voies de garage, il y a une différence essentielle entre les voies de garage pour wagons pleins et les voies de garage pour wagons vides.

Les premières sont formées d'une grande quantité de voies de faible largeur, ou de largeur moyenne pour pouvoir classer par voies les différentes catégories de charbon correspondant à la demande. Pour les wagons vides on dispose en général de grandes largeurs de voies pour faciliter la formation de trains très importants.

Au point de vue des pentes à donner aux voies, on ne peut employer les locomotives pour le refoulement que sur des voies ayant des pentes de 1 à 5 p. 100. On emploie les chariots entraîneurs à câble pour des pentes de 16 à 28 p. 100.

Pour les voies de quai permettant l'avancement des wagons par la gravité, on emploie des pentes de 0,8 à 1,3 p. 100; mais cela dépend surtout du climat, car dans les régions chaudes la pente de 0,6 à 0,7 est suffisante, tandis qu'en hiver dans les régions froides il faut 1,3 p. 100 pour le roulement automatique du wagon plein. Pour les voies de retour des wagons vides on emploie généralement 0,8 à 0,9 p. 100.

Butées et aiguillages. — Pour arrêter le wagon, et le diriger ensuite sur les voies de garage après le chargement, on emploie deux types d'appareils absolument distincts.

1° La bretelle double, représentée par la figure 8. Le wagon

Fig. 8.

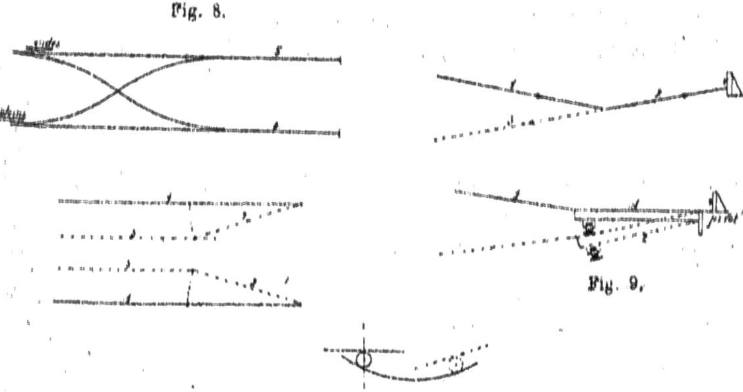

Fig. 9.

arrive par l'une des voies de la bretelle (toujours la même) et peut être déchargé grâce à la bretelle, soit en 4 soit en 5. Quand il est déchargé on le décale et on l'aiguille sur les voies des wagons vides en 3 où il va de lui-même par la gravité.

2° La plaque tournante est indiquée figure 9 en plan et en

coupe. Le wagon amené en 1 va sur la plaque tournante et est déchargé. On fait alors tourner la plaque autour d'un pivot à l'avant, elle roule grâce à un galet sur une poutrelle incurvée qui produit un abaissement. Cet abaissement suffit à lancer le wagon vide sur la voie 3 qui est en pente également.

La table tournante revient d'elle-même à sa première position grâce à un contrepoids dès que le wagon vide l'a quittée. Il faut un homme à chaque table tournante. Quand on veut utiliser le frein à main pour contrôler la descente des wagons vides sur la voie (3) on peut aller jusqu'à une pente de 2 p. 100.

Embarquement du charbon dans les navires. — Le plus simple de tous les appareils est représenté en 10; le wagon est déchargé latéralement ou par-dessous. Le charbon glisse sur une plaque de tôle inclinée et est réparti dans le bateau par les variations de l'inclinaison de la plaque. C'est un procédé très grossier qui casse le charbon en le faisant tomber de très haut.

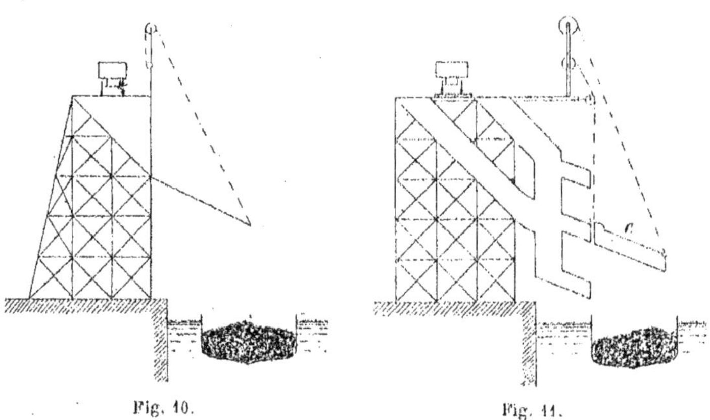

Fig. 10.

Fig. 11.

La figure 11 représente le procédé Henkel (breveté). Les couloirs pour le charbon se réunissent dans une grande poche verticale d'où on peut le reprendre en un point voulu grâce à la chute C, que l'on peut déplacer verticalement devant telle ouverture que l'on veut. On peut ainsi déposer le charbon en un point voulu et sans avoir une grande hauteur de chute. Pour la manœuvre de la chute C, on dispose d'un treuil mû à la main. Il faut dix minutes pour descendre le tout à la vanne inférieure, et vingt minutes pour le remonter en employant deux hommes. Ce type a été employé avec le plus grand succès à Port-Richmond au terminus maritime du « Reading Raiload C° ».

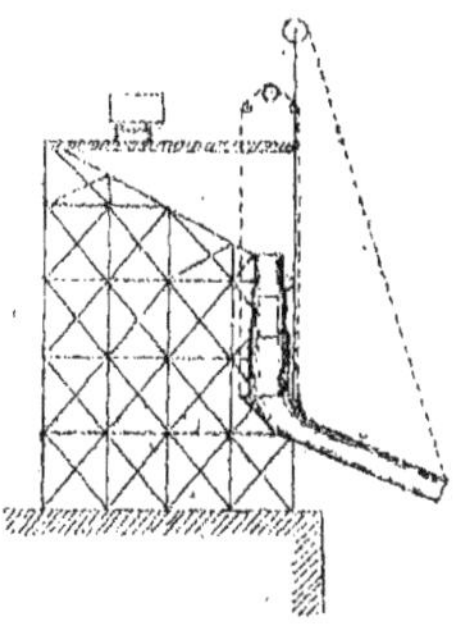

Fig. 12.

Dans le cas de la figure 12, la partie verticale dans laquelle s'accumule le charbon est télescopique et est facilement manœuvrable quand la benne est vide. On peut ainsi obtenir des hauteurs variables.

La figure 13 représente le type le plus récent adopté à Norfolk. On évite la casse du charbon en adaptant à l'extrémité du couloir incliné A, une partie télescopique pouvant se mouvoir verticalement et horizontalement de droite à gauche

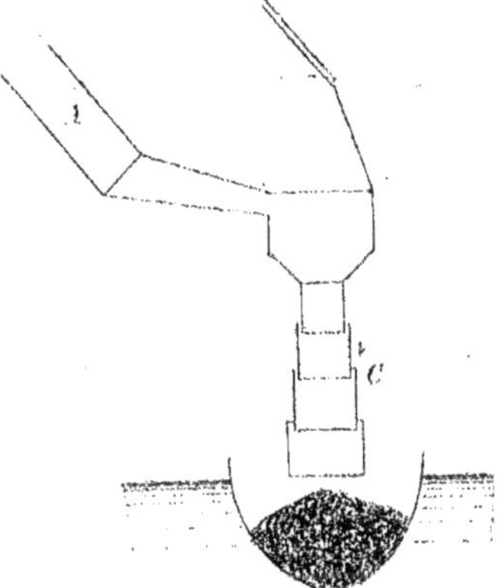

Fig. 13.

sur une circonférence. On peut ainsi desservir un point quelconque du bateau avec une hauteur de chute pour ainsi dire nulle.

Le type de chute à adopter dépend absolument de la qualité du charbon et de l'usage qu'on en veut faire par la suite. Il faut comparer la perte due à la casse avec le prix de l'installation de la chute. L'installation du dernier type figure 13 revient à environ 8 500 francs.

Quant au pesage, on l'installe en général sur une des voies d'arrière les moins encombrées.

Au point de vue de la répartition de ces quais dans les ports, les renseignements suivants peuvent paraître intéressants.

VILLES	QUAIS A GRAVITÉ	MÉCANIQUES	SYSTÈMES MIXTES
New-York. . . .	23	6	1
Philadelphie . .	12	1	»
Baltimore. . . .	8	»	»
Norfolk.	7	»	3

Exemples de prix de revient. — Prenons le cas d'un quai utilisant un chariot entraîneur sur un plan incliné à 22 p. 100 de pente, et débitant une moyenne de 200 wagons de 40 tonnes par jour. Les dépenses sont les suivantes, pour la marche journalière, et la force motrice.

Charbon, 6 tonnes.	75 francs.
Huile, eau, lumière	10 —
Un mécanicien	20 —
Deux chauffeurs.	25 —
Deux manœuvres	20 —
Quatre conducteurs.	45 —
Un homme volant.	12 —
	207 francs.

Par wagon $\frac{207}{200} = 1$ fr. 05 soit par tonne $\frac{1,05}{40} = 0$ fr. 026.

Le prix de revient, sans compter l'installation est donc de 2 cent. 6 par tonne. En comptant les frais d'installation on arrive à 4 cent. 5 et en supposant qu'on ne travaille jamais à plein, mais à 75 p. 100 du maximum cela fait 6 cent. 10.

En employant un « Car dumper » ou élévateurs et basculeurs de wagons cela revient à 9 cent.15 par tonne en travaillant à 75 p. 100 du maximum.

Égalisation de la charge dans le navire. — Suivant le mode employé pour la chute l'égalisation dans le navire revient de 3 à 6 centimes par tonne en admettant toujours 200 wagons par jour.

1° Avec chute ajustable . . . . 0 fr. 0595
2° Avec chute télescopique . . . . 0 — 0308
3° Avec chute télescopique distributive . . 0 — 0225

Ci-joint quelques prix de revient fournis par la Société des ingénieurs civils de New-York et d'après le tableau suivant il semble que le basculeur emporte un très réel avantage, mais il a l'inconvénient de démolir très rapidement les wagons, et de plus on n'a tenu compte ici que des frais de manutention, sans considérer les frais d'installation qui sont beaucoup plus élevés pour le basculeur que pour les deux autres procédés.

DÉPENSE PAR TONNE POUR LA MANUTENTION SEULE

TITRES	LOCOMOTIVES et plan incliné 1-5 p. 100 pente.	CHARIOT entraîneur plan incliné 16-28 p. 100 pente.	ÉLÉVATEUR et basculeur.
Frais de bureau et de surveillance	0 fr. 0380	0 fr. 0380	0 fr. 0380
Service de la machine motrice	0 fr. 0510	—	—
Manœuvres et charbon . . .	—	0 fr. 0490	0 fr. 0840
Déchargement du wagon . .	0 fr. 1890	0 fr. 1890	—
Égalisation de la charge . .	0 fr. 0342	0 fr. 0342	0 fr. 0308
	0 fr. 3122	0 fr. 3102	0 fr. 1528
Travaillant à 75 p. 100 . . .	0 fr. 36	0 fr. 36	0 fr. 22

Considérations sur l'économie dans la construction. — Les constructions de quais de déchargement peuvent être considérées de plusieurs façons, soit temporaires, soit semi-temporaires, soit enfin permanentes.

1° Les constructions temporaires sont généralement conçues pour une durée de quatre à cinq ans, et, dans ce cas, on évite toutes les dépenses qui ne sont pas absolument indispensables. La charpente et le quai lui-même sont exclusivement constitués par des pilotis et des madriers.

2° Pour les constructions semi-temporaires, sujettes à des modifications constantes, on construit en général le quai en maçonnerie et en béton avec des fondations durables et convenablement assises sur le roc ou sur le terrain solide par des fondations appropriées.

Seule la superstructure est en charpente en bois avec madriers et la voie pour wagons est simplement soutenue d'une façon suffisante mais temporaire.

3° La construction permanente, qui dans l'esprit américain correspond à une durée de trente à quarante ans, comporte comme la précédente une assise en maçonnerie et la superstructure est alors constituée soit par des charpentes métalliques soit le plus souvent par du béton armé.

J'ai pu me procurer à la Société des ingénieurs civils un tableau permettant de comparer au point de vue financier les différents genres de quais déjà installés aux États-Unis. La valeur comparative de l'argent en France et en Amérique étant très variable ce tableau ne peut donner qu'une idée absolument relative de la situation.

Le tableau ci-joint a été calculé pour un tonnage moyen de 200 wagons par jour, et une année de 300 jours. Le wagon moyen de 42 tonnes donne par an 240 000 tonnes. Les quais en question sont construits jusqu'à une hauteur de 20 mètres au-dessus de la marée moyenne. On compte l'intérêt de l'argent à 5 p. 100 et l'amortissement devant se faire pour des périodes de 10, 25, 50 ans, suivant qu'il s'agit d'une installation temporaire, semi-permanente ou permanente.

Le tableau montre que plus l'installation première est complète et coûteuse et plus le prix de revient par tonne est faible; on voit en outre que l'élévateur basculeur, dans les trois cas, l'emporte au point de vue de l'économie.

J'ai indiqué le coût de l'installation en francs, et les autres chiffres en centimes.

TYPE DE QUAI	COÛT de l'installation en francs.	COÛT PAR TONNE EN CENTIMES						PRIX de revient total par tonne en additionnant toutes les colonnes précédentes.
		Intérêt de l'argent.	Dépréciation de l'installation.	Entretien.	MANUTENTION			
					Sur stock.	Egalisation de la charge.	Total manutention.	
I. *Construction temporaire.*								en centimes
1° Locomotive avec rampe.	1.520.000	3,5	1,25	3,8	13,9	17	30,9	39,45
2° Plan incliné et chariot entraîneur	1.450.000	2,95	1,25	3.7	13.7	17	30.7	38.60
3° Basculeur et élévateur. .	1.399.000	2,75	1,20	3,3	6,2	15,4	21,6	28,85
II. *Construct. semi-perm.*								
1° Locomotive avec rampe.	1.880.000	3,0	0,9	2,8	13,9	17	30,9	38,30
2° Plan incliné et chariot entraîneur	1.820.000	3,6	0,85	2,7	13,7	17	30,7	37,85
3° Elévateur et basculeur .	1.670.000	3.3	0.80	2.6	6,2	15.4	21,6	28,30
III. *Construct. permanente.*								
1° Locomotive avec rampe.	2.200.000	4,3	0,60	1,85	13,9	17	30,9	37,65
2° Plan incliné et chariot entraîneur	1.990.000	3,9	0,70	2,05	13,7	17	30,7	37,35
3° Elévateur et basculeur .	1.700.000	3,4	0,75	2,35	6,2	15,4	21,6	28,40

CHAPITRE II

PORT DE PHILADELPHIE

INSTALLATION DE « PIERS » DE DÉCHARGEMENT

Il m'a été permis grâce à l'amabilité de M. Noris, directeur du port, de pouvoir visiter en détails toutes les nouvelles installations du port de Philadelphie. La ville de Philadelphie dépense à l'heure actuelle des sommes considérables pour développer son port, ce que justifie la situation tout à fait remarquable dans laquelle elle se trouve au point de vue géographique. Sans vouloir développer ce sujet absolument à fond, on peut en indiquer les conséquences actuelles et surtout futures.

Philadelphie draine le commerce de deux vallées importantes, la Delaware et la Schuyckil ; cette dernière est particulièrement riche en gisements d'anthracite ; de plus, par une série de voies ferrées à trafic intense, elle est reliée à Harrisburg et Pittsburgh dans la Pensylvanie occidentale, deux centres industriels de la plus grande importance.

On construit en ce moment un canal qui doit relier les vallées de la Delaware et du Mississipi en utilisant leurs affluents respectifs. Ce canal passera par Pittsburgh et, comme il est d'usage, les gros actionnaires des compagnies de Chemin de fer ont pris en main la construction du canal à seule fin d'éviter une concurrence désastreuse pour les voies ferrées et de pouvoir maintenir une simultanéité de trafic, sur le canal et la voie ferrée.

Philadelphie sera donc reliée prochainement à la Grande plaine du Mississipi et aux Grands Lacs par l'intermédiaire des canaux de l'Alleghany et de l'Ohio. Elle aura ainsi une situation analogue au port de New-York, qui depuis dix ans est relié aux Grands Lacs par le Barge canal reliant l'Hudson aux Lacs en passant par Albany et Buffalo.

La concurrence entre les ports de New-York et Philadelphie se développera certainement un jour, et probablement au détriment du port de Boston, le grand exportateur des blés du Nord.

La ville de Philadelphie, sur ses fonds propres, a entrepris il y a cinq ou six ans la construction d'une grande quantité de quais de déchargement et d'appontements destinés à faciliter le commerce et les transactions, en attirant à elle un grand nombre de lignes régulières de navigation européennes et sud-américaines.

État du port a la fin de 1913. — La valeur des marchandises exportées et importées s'est élevée pendant l'année 1913 à 825 millions de francs, l'importation l'emporte encore sur l'exportation. L'importation s'élève à 500 millions de francs.

IMPORTATION :

Sucre	120 millions.
Minerais de fer	25 —
Cuirs	40 —
Laine	20 —
Bananes	10 —

EXPORTATION :

Pétrole	90 millions.
Charbon	15 —
Farine	22 —
Huile	16 —
Blé	28 —
Lard	20 —
Coton	25 —

Le commerce d'importation a produit 80 millions de francs de droits d'entrée.

Depuis cinq ans on a dépensé 8 millions de dollars pour l'amélioration du chenal de la Delaware jusqu'à la mer, et 20 millions pour l'installation de nouveaux quais dans le port.

Construction des quais. — La ville de Philadelphie a construit une grande quantité de quais qu'elle loue à des compagnies de navigation; elle les loue à un prix relativement réduit pour faciliter le commerce. En définitive, elle récupère largement cette concession par le bénéfice qu'elle retire des droits de douane, et aussi par le bénéfice de ses industries qui manufacturent les produits reçus et les revendent ensuite.

Étude de quelques quais. — Nous allons étudier séparément quatre types de quais actuellement en construction dans le port de Philadelphie.

Type n° 1. — Ce quai est construit sur pilotis. L'ensemble de la charpente est entièrement métallique. Les colonnes extrêmes latérales sont supportées par un plancher cloué sur une série de pilotis et l'aire du plancher se trouve à 0 m. 20 au-dessous des plus basses eaux, pour éviter la destruction du bois. Ce plancher est cloué et amarré sur une série de pilotis, les uns verticaux et enfoncés jusqu'à refus dans le terrain solide, les uns obliques servant d'ancrage et résistant à la poussée latérale due au poids de la charpente, de la toiture et des marchandises.

Les autres colonnes verticales sont portées par un léger soubassement en ciment armé, soutenu lui-même par une nouvelle série de 8 ou 16 pilotis également recépés au-dessous du niveau des plus basses eaux.

Dans le sens longitudinal on retrouve la section ci-contre.

Ce quai est à deux étages, et sa caractéristique est d'avoir deux séries de voies à chaque étage. Ce type est généralement employé pour tout le commerce utilisant exclusivement la voie ferrée, soit pour l'exportation soit pour l'importation, et n'est presque jamais employé pour le commerce local nécessitant l'entrée et la sortie des camions à chevaux ou automobiles.

Il est à remarquer que les voies supérieures sont en contre-bas du niveau du plancher; parce qu'en service normal, l'étage supérieur doit servir au commerce d'importation; il est en effet plus facile de charger un wagon quand il est au niveau du plancher. L'étage inférieur servira à l'exportation, et le niveau de la voie n'est pas ici en contre-bas afin d'éviter de creuser ce qui serait impossible à cause du passage de la voie ferrée dans la rue.

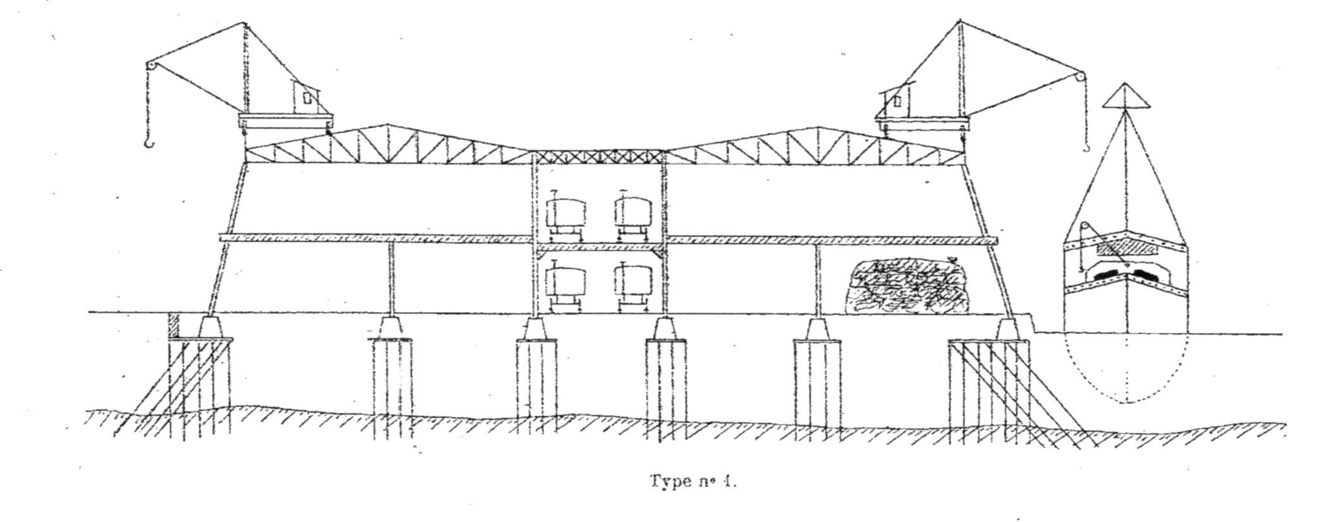

Type n° 1.

Le chargement et la manutention des marchandises se feront à l'aide de grues roulantes sur des chemins de roulement, supportés par la toiture, et dans les moments de grande activité on pourra décharger à l'aide de grues et charger avec les mâts de charge du navire, le tout opérant simultanément.

Type n° 2. — Ce type de quai paraît de beaucoup le plus remarquable et le plus complet à tous les points de vue. Il comporte deux voies ferrées en contre-bas à l'étage supérieur, deux voies ferrées à niveau le long du quai de chaque côté, et enfin il permet la circulation des camions et des automobiles du commerce local à l'étage inférieur.

Comme précédemment, le tout est établi sur pilotis avec ancrage oblique, et recépage à 20 centimètres au-dessous des plus basses eaux.

Les voies latérales sont posées sur ballast pour éviter les vibrations, et soutenues par un coffre en béton armé, posé sur le plancher et la tête des pilotis. Sous cette voie ferrée on a fait une série de voûtes permettant à l'eau de circuler dans tous les sens. Sans cette précaution on aurait eu une énorme masse d'eau emprisonnée sous le quai et ne communiquant avec le fleuve que par l'avant de telle sorte que l'arrivée et le départ des navires aurait donné lieu à des coups de ressac qui auraient pu compromettre la solidité des pilotis.

En temps normal, le commerce d'importation se fait toujours par l'étage supérieur et celui d'exportation par l'étage inférieur. L'exportation pouvant se faire par les voies latérales, ou par camions pour le commerce local. On peut décharger les wagons, soit par la grue qui circule tout le long des quais, soit par les mâts de charge du navire. De même pour les marchandises entreposées à l'étage inférieur.

Pour l'importation on n'emploie que la grue roulante qui décharge au premier étage. Le chargement et le déchargement peuvent s'opérer simultanément de la façon suivante : déchargement à l'arrière par la grue roulante, chargement à l'avant par les mâts de charge. On peut même dans certains cas disposer deux grues roulantes une pour le déchargement, et l'autre pour le chargement.

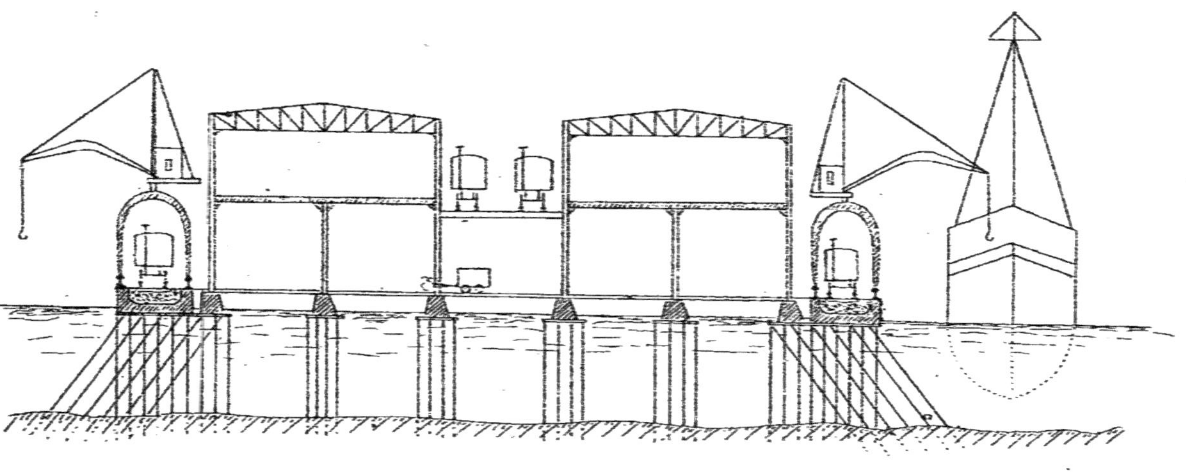

Type n° 2.

Type n° 3. — Ce type est identique au précédent, mais on y a supprimé les voies ferrées du premier étage. Le commerce par voie ferrée dans les deux sens, importation et exportation, n'a plus lieu que par les voies latérales.

Le commerce local est toujours facilité, grâce à la possibilité de circulation des voitures, à l'étage inférieur.

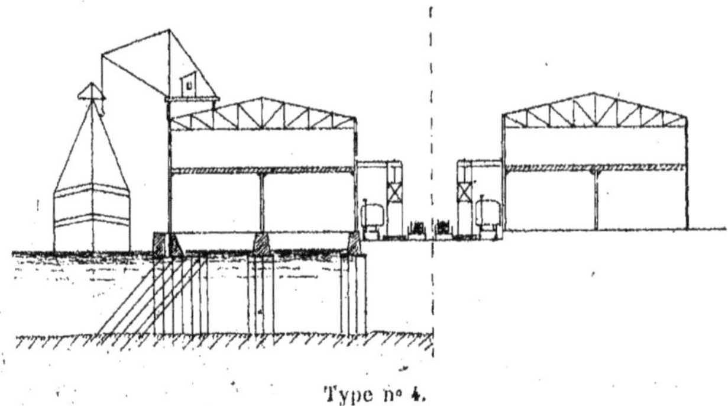

Type n° 4.

La ville de Philadelphie a construit deux quais de ce type, pour le commerce de cabotage, et surtout pour le commerce des fruits, et l'un de ces quais notamment est loué à la « Ligne Blanche » qui a monopolisé l'importation des bananes venant de Porto-Rico et des Antilles.

Type n° 4. — Ce quatrième type de quai adopté par le département du port, est un type simplifié des précédents et paraît particulièrement économique. Il comporte toujours deux étages ; entre les deux corps de bâtiment se trouvent quatre voies de circulation ; les deux extrêmes sont réservées aux voies ferrées et les deux centrales à la circulation des voitures et automobiles; entre la voie ferrée et la voie des voitures se trouve une plateforme de 3 mètres de largeur et sur chaque plateforme on a disposé une série de 4 monte-charges d'une capacité de 15 tonnes.

Le mouvement des marchandises s'opère toujours de la même façon, exportation par le bas, importation par le haut. Les marchandises sont transportées à l'aide d'une grue roulante identique à celle du type 1 et soutenue par la charpente supérieure.

Installation. — Dans la demi-coupe ci-contre (fig. 5) on a représenté un schéma des opérations et de la construction d'un de ces quais.

Comme fondations on a, comme toujours, des pilotis supportant

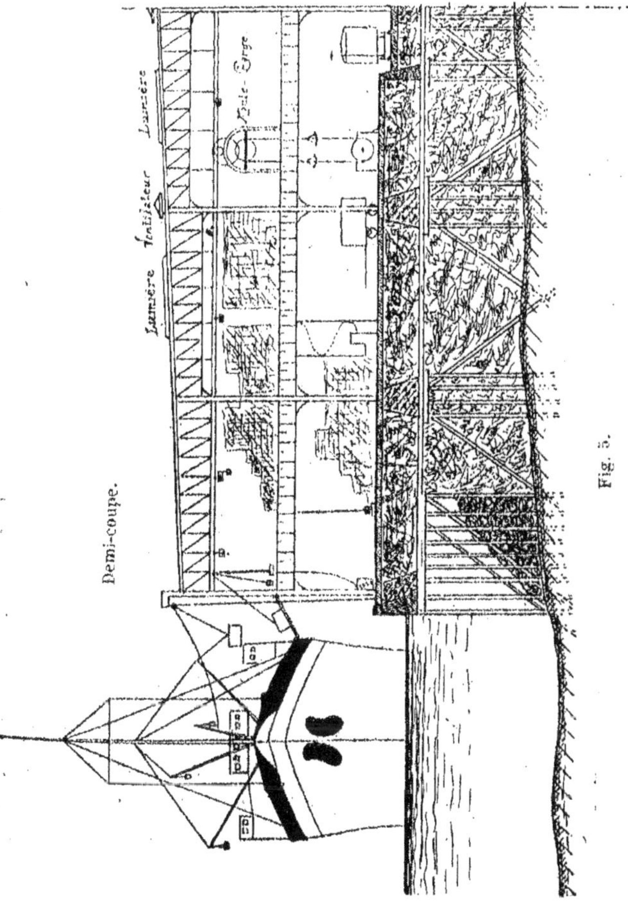

Demi-coupe.

Fig. 5.

l'ensemble; chacun de ces groupes de pilotis est contreventé par des pilotis obliques.

Les colonnes de support reposent sur un soubassement en béton soutenu par le plancher et les pilotis. Le tout est relié dans le sens longitudinal par des croix de Saint-André. Quand toute cette fondation est exécutée on remplit les parties latérales en enrochements et dans le type actuel, différent des types précédents, on remplit le tout avec de la terre. Quand le garnissage atteint une hauteur suffisante on le dame jusqu'à la partie supérieure par couches de 20 centimètres. C'est sur cette terre battue que l'on installe le plancher en béton constituant la base de l'étage inférieur.

Pour permettre le mouvement des marchandises d'un étage à l'autre, on dispose d'une série de monte-charges à capacité variable ; pour la descente on peut installer des chutes inclinées rectilignes ou en spirales.

Pour la manutention des caisses et des ballots, on dispose de wagonnets, brouettes, ou le plus souvent de monorails aériens, actionnés par un moteur, ou tout simplement mus à la main (l'élévation se faisant par un palan différentiel, et l'avancement, par traction sur un câble). Plusieurs de ces quais ont des chambres chauffées à la vapeur pour la conservation des fruits d'Italie (citrons) pendant les temps froids. D'autres quais, correspondant à des lignes d'émigration, ont de vastes salles de quarantaine ; mais ces dernières tendent de plus en plus à être supprimées : la ville de Philadelphie ayant fait construire au sud, à Gloucester, une station d'émigrants, de grande importance, avec service de santé, et service pénitentiaire.

Installation d'un quai, avec monorail aérien. — La question de la manutention à l'intérieur du bâtiment a été la question la plus délicate, car elle nécessite une mise de fonds assez considérable et ne donne pas à la ville qui loue le quai un bénéfice appréciable. Le port de Baltimore a fait, dans ce sens, des essais totalement infructueux au point de vue financier. On tente en ce moment à Philadelphie une nouvelle expérience en réduisant l'installation à sa plus grande simplicité.

Le problème est le suivant : atteindre avec le maximum de facilité et le minimum de dépenses un colis situé en un point quelconque du quai pour le transporter à un autre point.

On a disposé de chaque côté de l'axe du quai, trois séries de voies longitudinales : une passant au-dessous des wagons, une le long du bord latéral et une autre au centre. Ces trois lignes sont réunies aux extrémités par deux lignes transversales et enfin entre ces lignes se trouvent une série de voies obliques permettant au

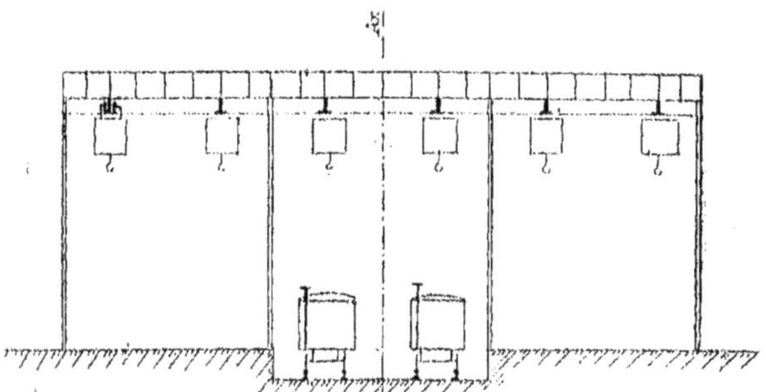

Plan.

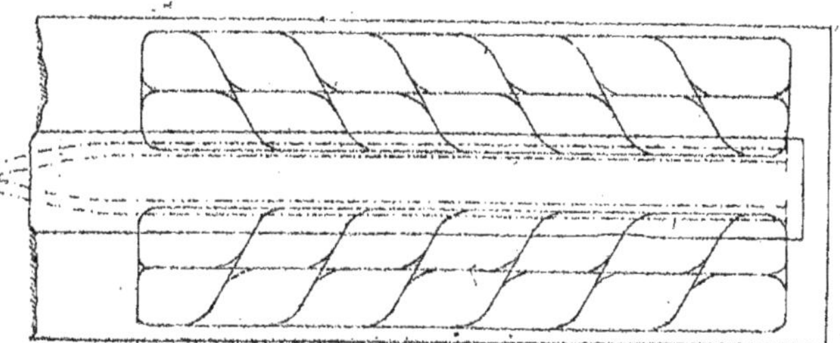

transporteur d'atteindre tous les autres points, et de parcourir tous les trajets possibles grâce aux aiguillages.

Ces aiguillages sont en général maintenus par des ressorts dans une position fixe, correspondant à un parcours déterminé. Quant on veut le modifier, l'homme manœuvrant le transporteur, peut avec un levier manœuvrer l'aiguille à son gré.

Portes. — La question des portes est de première importance : il faut qu'on puisse ouvrir avec facilité, et quel que soit l'encombrement du quai, tout l'espace compris dans le sens longitudinal entre deux colonnes de la charpente. La disposition la plus remarquable employée universellement, est la suivante :

La porte elle-même est constituée par deux parties A et B représentées ici en coupe. Chacune de ces parties peut être soulevée à la main grâce à une chaîne agissant sur un palan différentiel; chacune de cés parties porte des galets permettant le guidage sur un fer en U, et substituant le frottement de roulement au frottement de glissement.

A l'aide de la chaîne n° 2 on peut soulever la partie A et on

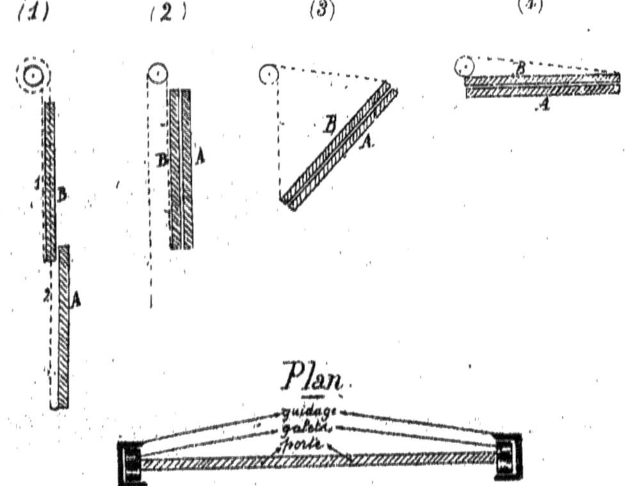

arrive ainsi à la position 2. En tirant ensuite sur la chaîne n° 1 on soulève le tout qui est devenu solidaire par un clavetage automatique ; le mouvement de bascule est contrôlé par une chaîne 3 qui se déroule. En continuant à agir sur la chaîne 2 on arrive à rabattre les deux portes dans une position horizontale.

Cette porte est vraiment pratique, car on peut ouvrir une porte quelconque très facilement quel que soit l'encombrement. On peut aussi ouvrir tout le fond du bâtiment ce qu'on ne peut pas faire avec des portes à roulement. De plus cela ne gêne en rien pour la manutention à l'intérieur comme le feraient des portes à battants et charnières.

CHAPITRE III

TRANSPORTEURS A CHARBON DITS « PECK CARRIERS »

Ces transporteurs généralement employés pour la manutention du charbon, du coke ou des cendres, sont en principe constitués par une série de paniers métalliques, suspendus par un pivot à deux chaînes sans fin. La charge, étant toujours soutenue par un pivot, ne suit pas les modifications d'inclinaison de la chaîne, et reste constamment dans la même position. La seule difficulté à résoudre était de maintenir sur un parcours horizontal une parfaite continuité d'un panier à l'autre pour pouvoir opérer un chargement avec facilité et sans précautions. D'autre part, il ne fallait pas que cette continuité fût une gêne dans les changements de direction et que les paniers pussent buter les uns contre les autres.

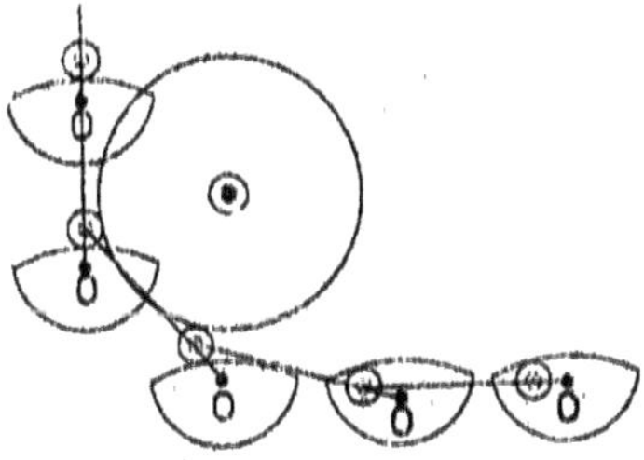

La solution du problème a été la suivante : supposons qu'au lieu de mettre le galet de roulement dans l'axe du panier nous le mettions en avant de cet axe, et supposons que l'un des maillons rigides de l'une des chaînes réunisse non seulement deux galets mais dépasse le second galet, et aille jusqu'à l'axe du panier et soit suspendu par le point O, au maillon de la chaîne. En réalité les galets sont montés sur les maillons, mais totalement indépendants du panier lui même. Pendant un parcours horizontal, tous les maillons étant en ligne droite, — car leur direction est solidaire de celle des galets, — les paniers marchent tous parallèlement ; si au contraire, comme dans le cas de la figure, les galets s'enroulent sur une roue, les godets restant attachés par leur axe seront toujours indépendants, et, suivant le mouvement de translation, ne viendront pas buter les uns contre les autres.

Pour maintenir la continuité pendant un parcours horizontal on a muni chacun des godets d'une saillie, l'une au-dessus et

Fig. 2.

l'autre au-dessous ; ce qui permet un emboîtement parfait et évite la chute du charbon dans les interstices pendant le chargement (fig. 2).

Les godets sont faits en fonte malléable et obtenus par moulage ; quant à la chaine elle est en fer doux, car le fer résiste beaucoup mieux que l'acier à l'action corrosive du charbon et des cen-

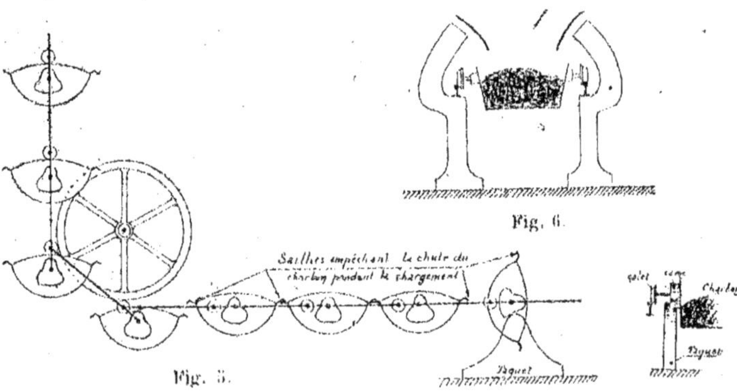

Fig. 6.

Fig. 5.

dres humides ; et aussi parce qu'il est plus facile d'obtenir avec du fer des sièges convenables pour la réunion à l'extrémité de chaque maillon.

Les galets roulent en général sur des fers en I, soutenus par des supports en fonte espacés de 1m.80 ; ces supports soutiennent aussi, aux étages supérieurs, une seconde série de rails sur lesquels circule le déchargeur.

Déchargement. — Chacun des godets est muni à sa partie inférieure d'un segment venu de fonte, et correspondant à peu près à un arc de circonférence.

Le déchargeur, roulant sur rails, et que l'on peut placer à tel endroit que l'on voudra, est constitué par une masse de fonte

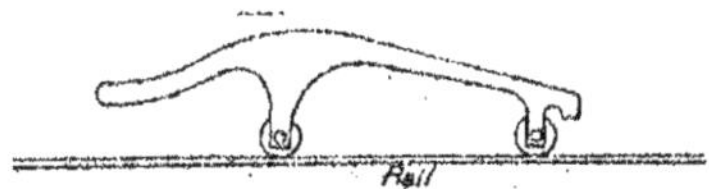

ayant à peu près la forme d'un accent circonflexe. Quand le godet arrive, il est d'abord heurté, grâce à son segment en saillie, par le basculeur ; puis, peu à peu, l'action augmente d'énergie et le charbon est renversé dans la trémie.

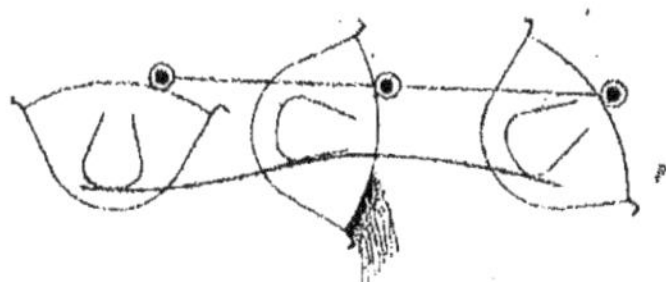

Pour éviter un retour brusque du godet, qui l'entraînerait au delà de sa position d'équilibre, on contrôle son retour par une courbe inverse ; de telle sorte que le godet revient doucement à sa position normale, et son rebord extérieur vient s'emboîter exactement dans celui du godet précédent, rétablissant ainsi la continuité primitive.

Le déchargement est donc produit par un frottement de glissement sans choc et sans bruit.

On peut avoir des déchargeurs fixes, des déchargeurs mobiles et pouvant être actionnés à la main, ou enfin des déchargeurs automatiques, en ce sens qu'ils circulent d'eux-mêmes d'un mouvement lent et alternatif au-dessus d'une trémie de grandes dimensions et produisent ainsi automatiquement l'égalisation de la charge dans les trémies.

Poulies régulatrices. — Quand on a plusieurs changements de direction, il se produit quelquefois des secousses ou des oscillations assez prononcées, dues à ce fait que les galets viennent périodiquement en contact avec les poulies (aux changements de direction) et quittent périodiquement ces poulies; il se produit des oscillations dont le synchronisme peut augmenter beaucoup l'amplitude; on remédie à cet inconvénient en actionnant la poulie avec une roue motrice dentée légèrement polygonale. Cette roue dentée ondulée étant elle-même mue par un pignon ordinaire. On la cale de telle façon qu'elle contrebalance chaque fois l'action d'un nouveau galet sur la poulie, et annule totalement les pulsations dues à des chocs répétés. Les variations très légères du rayon de la roue ondulée donnant des changements dans la vitesse circonférentielle, suffisent largement à obtenir le résultat cherché.

Dans la figure ci-contre on a beaucoup exagéré les variations

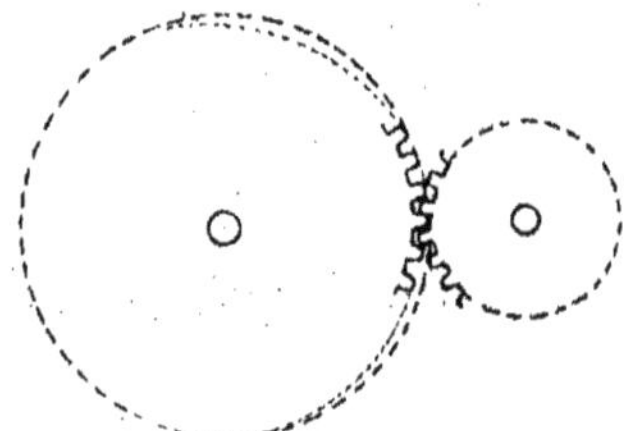

du rayon, de la circonférence primitive. En réalité elles sont telles que les dents du pignon moteur ont toujours une prise suffisante malgré les variations du rayon.

Chaîne. — La chaîne et le joint entre les maillons à l'endroit des galets constituent la partie la plus délicate et la plus soignée de la construction. Le même axe sert de clavette entre les maillons et de pivot pour le galet. On a disposé, sur cet axe, une longue garniture en bronze, facilement renouvelable, et répartissant la charge. Le galet est creux et la cavité constitue le réservoir à huile pour le graissage; l'huile est introduite avec une seringue comprimant le ressort du graisseur G ; elle est répartie ensuite sur les parties frottantes par une lame de feutre F autour du moyeu.

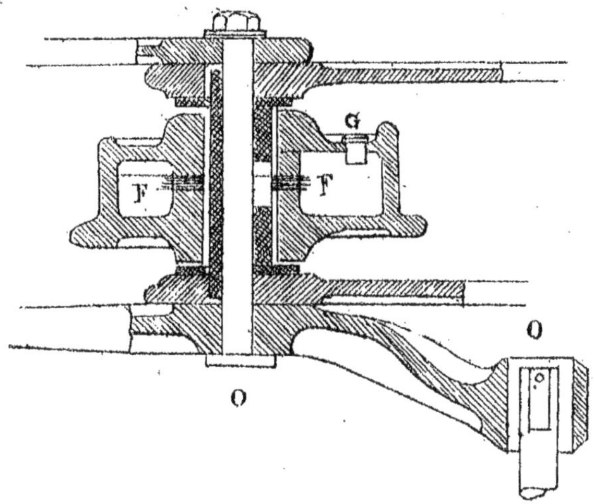

Capacité. — Ci-joint un tableau indiquant quelques caractéristiques des appareils fonctionnant actuellement avec la plus parfaite régularité.

GODET	LONGUEUR du maillon.	VOLUME transporté dans le godet.	TONNES de charbon à l'heure.	VITESSE en mètres par minute.
mètres.	mètres.	mètres cubes.		mètres.
0,45 × 0,38	0,45	0,013	13-20	10-12,50
0,60 × 0,45	0,60	0,047	40-50	12,50-17,50
0,60 × 0,60	0,60	0,063	55-70	12,50-17,50
0,60 × 0,76	0,60	0,079	75-100	12,50-17,50
0,76 × 0,76	0,76	0,122	110-160	15-20
0,76 × 0,91	0,76	0,148	140-406	15-20
0,91 × 0,91	0,91	0,240	210-330	17,50-25

Ce tableau donne une idée des tonnages que l'on peut ainsi transporter.

Applications du transport « peck carrier ». — On peut citer

quelques installations dans lesquelles ce système a donné les résultats les plus remarquables.

1° A Philadelphie, à la station centrale des pompes d'alimentation en eau de la ville, à Torresdale, on emploie le Peck Carrier

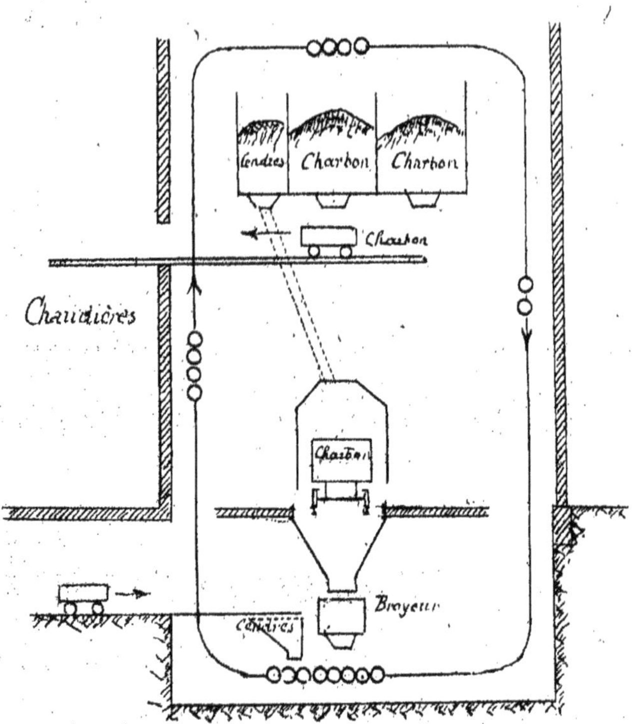

pour emmagasiner le charbon dans des trémies d'où il est repris par wagonnets allant à un des foyers des chaudières.

Le charbon arrive par wagon de 40 tonnes, il est déchargé dans une trémie alimentant un broyeur ; le charbon broyé est entraîné dans le transporteur qui s'élève et le déverse dans les trémies supérieures.

Les cendres reviennent en sous-sol par wagonnets et sont déversées dans le transporteur à godets par une trémie spéciale. Les cendres sont élevées dans une benne supérieure attenant à celle du charbon. Quand elle est pleine on la déverse simplement par gravité dans un wagon qui emporte les cendres.

Cet exemple représente un des types les plus simples de manutention du charbon dans une station centrale.

2° Dans les usines à gaz, et notamment à Astoria près de New-York, on fait un emploi très fréquent de ces transporteurs, car ils ont le grand avantage de pouvoir suivre une direction quelconque même inclinée en utilisant des pentes qu'un transporteur à courroie ne pourrait jamais utiliser à cause du glissement du charbon.

3° L'exemple suivant est relatif à une installation modèle d'alimentation de locomotives.

Comme précédemment le charbon est amené par wagons sur voie normale ; il est déversé par un tablier, un plan incliné ou une trémie, suivant les cas, dans un broyeur alimentant un transporteur à godets. Ce transporteur garnit les accumulateurs à charbon. Chacun des accumulateurs a une vanne de déchargement correspondant à une voie sur laquelle peuvent circuler les locomotives. A Philadelphie il y a trois accumulateurs et trois voies. La locomotive est ainsi chargée par simple ouverture de la vanne.

Pour les cendres, on a disposé au-dessous de chaque voie une fosse à cendres à parois inclinées ; quand ces fosses sont pleines, il suffit de les décharger par la partie inférieure dans la chaîne à godets ; les cendres sont élevées dans un accumulateur spécial, d'où elles peuvent être évacuées avec facilité, grâce à une trémie reversant les cendres dans un wagon sur voie normale.

4° A New-Jersey, près de Newark, une société privée faisant la livraison du charbon à des clients dans la ville reçoit son charbon, soit par voie ferrée soit par voie maritime, dans des chalands de 1 500 tonnes.

Les accumulateurs à charbon sont constitués et soutenus par des charpentes en bois sur piliers en bois ; le tout est surélevé de façon à pouvoir charger le charbon directement de l'accumulateur dans les voitures de livraison. On a constitué un assez grand nombre d'accumulateurs correspondant à différentes sortes de charbon. Quand le charbon arrive par chalands, une grue le décharge directement dans la benne alimentant le transporteur à godets.

Chargement du transporteur. — Pour charger les paniers à godets du transporteur on emploie le plus souvent un chargeur automatique et réglable à volonté, pour ne mettre dans chaque godet que la quantité voulue et éviter que certains godets soient surchargés pendant que d'autres seraient presque vides.

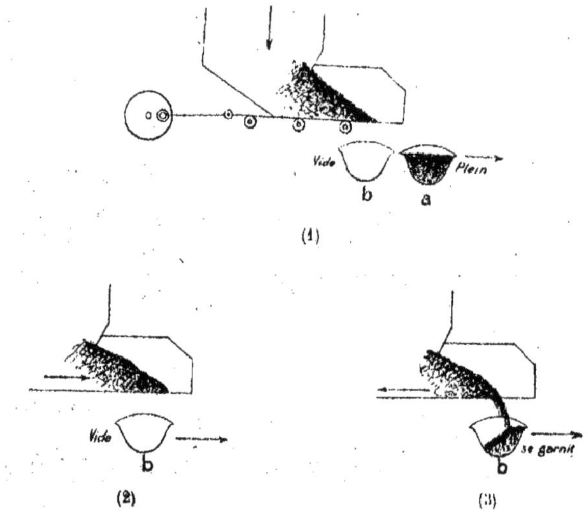

En employant une simple trémie de chargement on aurait, d'autre part, des godets beaucoup trop garnis et pendant l'élévation une partie de la charge retomberait.

Les trois croquis ci-contre indiquent la marche de l'opération. Au-dessus de la trémie se meut une plaque actionnée par un excentrique et soutenue par des galets.

Cette plaque en (1) est à la position de recul et vient de charger le godet *a*. En (2) la plaque avance et entraîne le charbon en avant ; pendant ce temps le godet *b* s'est avancé. En (3) la plaque revient en arrière et le charbon qui n'est plus soutenu tombe dans le godet *b* qui avance toujours.

Il suffit donc de régler deux choses : 1° la vitesse de rotation de l'excentrique qui doit correspondre par un tour entier à l'avancement d'un godet entier ; 2° l'avancement de la plaque qui ne doit pendant son recul libérer qu'une quantité de charbon déterminée.

CHAPITRE IV

MISE EN STOCK DU CHARBON. — (PROCÉDÉ HASKINGS)

Le procédé Haskings a pour but de décharger le charbon des bateaux, et de le mettre en stock avec le minimum de frais et le minimum de personnel. On peut ainsi décharger et mettre en stock de 2 à 3 000 tonnes de charbon par jour avec deux hommes au plus. On peut, suivant les besoins, broyer le charbon avant ou après la mise en stock.

Tour de déchargement. — Détails. — Cette tour de déchargement est d'une hauteur suffisante pour permettre aux wagonnets de circuler au-dessus des stocks par le seul effet de la gravité; nous verrons par la suite, comment s'effectue leur retour à la trémie dans la tour de déchargement.

La grue ou le derrick servant au déchargement peut être fixe ou mobile et circuler sur rails le long des bateaux à décharger. Le derrick mobile est surtout employé dans le cas où, comme à l'usine à gaz de Bridgeport, les usines ont des quais de débarquement si rapprochés qu'il est impossible de faire mouvoir le chaland le long du derrick ; il faut au contraire mouvoir le derrick le long du chaland.

Les chalands employés à Bridgeport, à l'embouchure du Connecticut, ont une capacité variant de 1 000 à 1 500 tonnes.

Le type le plus généralement adopté est construit en bois (sapin du Canada) et le haut de la tour porte un moteur électrique, servant au levage de la poche à charbon.

Cette poche est soutenue par un chariot à galets roulant sur deux fers à T le long du bras de la grue. Ce bras est à inclinaisons variables, et par conséquent à portée variable. Le chariot est entraîné vers la trémie dès que la poche a terminé sa course verticale ; la poche est alors vidée dans la trémie, et repart vers le

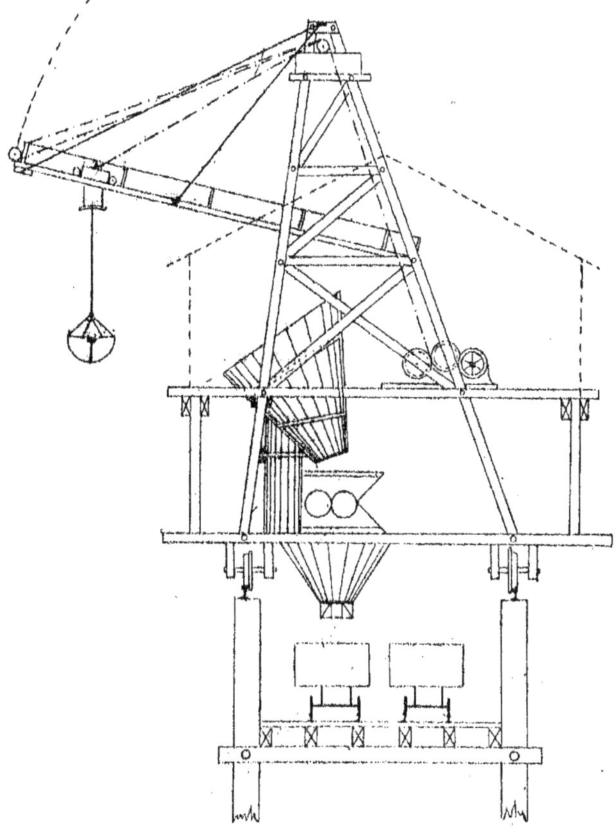

chaland. On peut compter que la poche fait un voyage complet aller et retour dans un temps moyen de vingt-cinq à trente secondes, suivant la force du moteur et la capacité de la poche. On peut, à chaque voyage, transporter de 1, 5 à 6 tonnes (ce sont les tonnages les plus usités).

Une fois dans la trémie le charbon descend peu à peu et les fines sont séparées du reste du charbon par un criblage préalable en A de façon à n'envoyer dans le broyeur que ce qui doit être broyé.

Le broyeur est à deux ou trois cylindres suivant les cas, et suivant la finesse du charbon à obtenir. En sortant du broyeur tout le charbon se retrouve dans la deuxième trémie d'où il est déchargé dans les wagons.

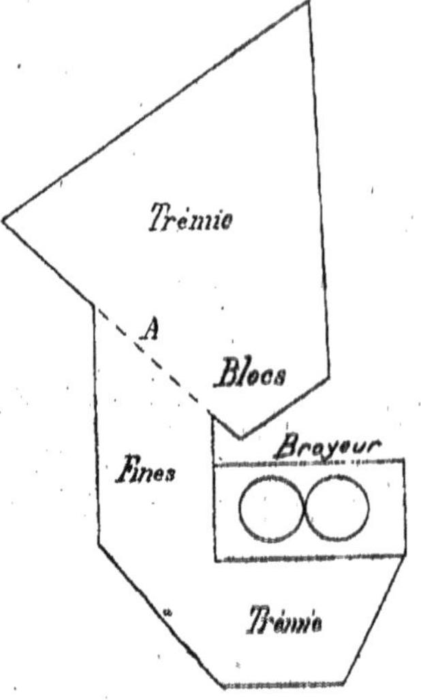

Il faut noter en passant que dans la généralité des cas toutes ces installations sont faites en bois; seules les installations considérables dans le genre de celle de la Compagnie du gaz de New-York ou des grandes compagnies minières ou métallurgiques, emploient des constructions en métal. Le bois convient mieux à la mentalité américaine qui préfère à un aménagement durable une installation facile à remplacer ou à renouveler.

Marche des wagonnets. Appareil automatique. — Quand le wagonnet a été chargé, on déclanche son mouvement et il part de lui-même vers le stock par la gravité (obtenue par la pente de la voie).

Le procédé Haskings a pour but de décharger automatiquement le wagonnet à un endroit voulu et de profiter de l'inertie du wagon plein pour faire remonter ce même wagonnet vide.

Ci-joint le principe de l'opération :

Prenons un câble métallique, attachons-le au point A, enroulons-le sur une poulie O, puis sur O′, puis O″, puis de retour sur O attachons-le en un point fixe A′. Pour bien faire saisir le sens de l'enroulement j'ai indiqué les brins successifs par des numéros en partant de A pour finir en A'.

Les poulies O' et O'' sont fixes aux deux extrémités de la voie sur laquelle circule le wagonnet ; la poulie O est folle et peut coulisser sur les rails depuis A jusqu'à A'.

Si nous tirons sur le brin 3 en allant vers la gauche, le brin 2 ira à droite, et le brin 4 ira aussi à droite. Les points A et A' étant fixes la poulie O tournera donc et viendra vers la droite en O.

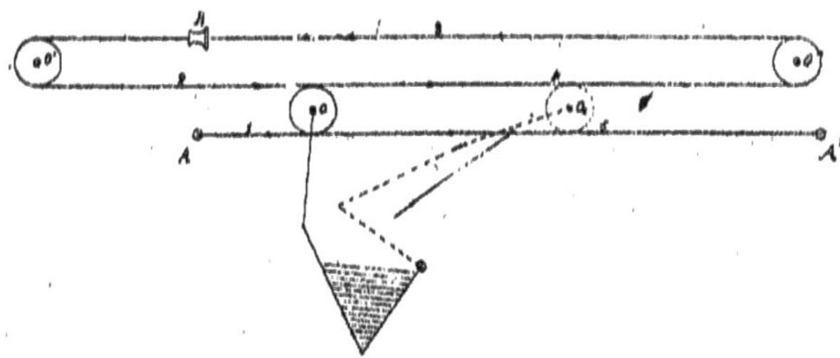

Supposons maintenant que nous fixions sur le câble 3 un taquet B qui lui est solidaire ; que, d'autre part, nous suspendions à la poulie O l'extrémité d'une caisse triangulaire contenant un poids convenablement réglé. Quand le wagonnet en descendant heurtera le taquet B le câble sera entraîné comme nous l'avons indiqué. La poulie O viendra en O', mais, en se déplaçant, elle entraîne et soulève la caisse triangulaire. Ce travail absorbe la force d'inertie du wagonnet plein et l'arrête. Si à ce moment, par un procédé quelconque, le wagonnet est déchargé subitement, le poids de la caisse triangulaire soulevée l'emportera sur celui du wagonnet vide qui sera renvoyé vers le haut, avec une vitesse suffisante pour atteindre la tour de déchargement où il sera de nouveau chargé.

Il n'y a donc que deux réglages à faire :

1° Réglage du point d'arrêt : on déplace le taquet B et on le fixe en un point du câble situé un peu en avant de l'endroit où l'on veut que le wagonnet se décharge. Il suffit de déplacer ce taquet toutes les six ou huit heures, suivant l'importance du stock et la répartition du charbon sur le stock, et quelquefois même tous les deux jours seulement.

2° Réglage du poids : on met, dans la caisse, des gueuses de fonte, ou des blocs de granit, jusqu'à ce qu'on obtienne un arrêt suffisamment rapide et correspondant à la position convenable

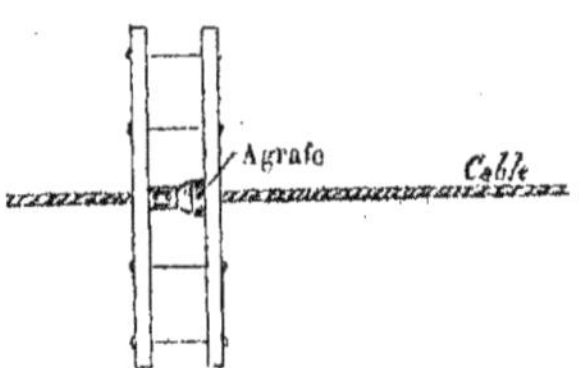

de la poulie O, pour le retour du wagonnet. Le taquet B est en général constitué par une agrafe se fixant sur le câble et reliée à une traverse perpendiculaire aux rails du wagonnet.

Déchargement automatique. — Les wagonnets employés se déchargent latéralement par des portes s'ouvrant vers le bas, avec charnières supérieures. Ces portes peuvent être ouvertes simultanément à l'endroit voulu, et il suffit de mettre un peu en arrière du taquet B un second taquet à action progressive fixé sur les longrines soutenant les rails. Ce taquet agit sur le levier et produit l'ouverture des portes au moment où le wagonnet est arrêté.

Cette installation d'ensemble est très répandue, tant à New-York

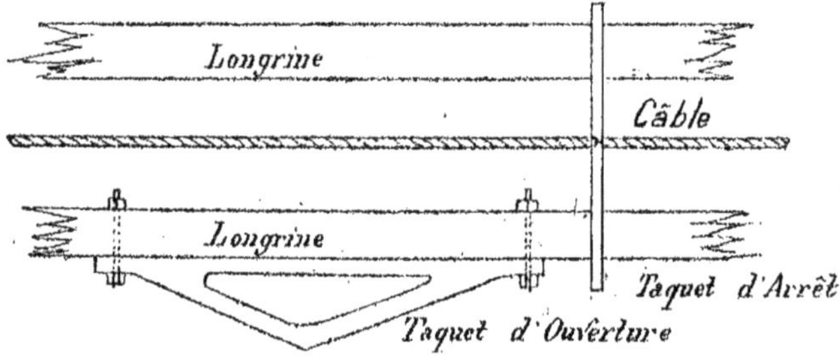

où la marée se fait sentir que dans les ports du Long Island Sound (Connecticut) et dans les rivières et canaux de l'État de Pensylvanie ; elle a d'ailleurs l'avantage d'être très économique.

Formation du stock. — On peut décrire ici un procédé particulièrement économique et à la portée de tous (c'est-à-dire ne nécessitant aucun spécialiste pour son installation).

Il comprend un stock en plein air et un accumulateur permettant de décharger sur wagon, ou sur tout véhicule de transport (camion, charrette...)

Supposons que nous voulions, à peu de frais, installer un stock de

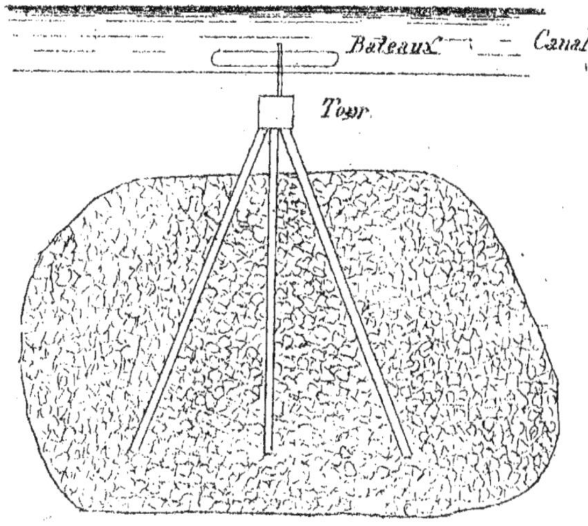

charbon aux abords de la tour de déchargement située sur un canal ou une rivière. Nous installons simplement plusieurs voies divergentes dans le genre de celle précédemment décrite et avec deux hommes seulement, un à la machine et un au chargement des wagonnets, nous pourrons décharger de 1 500 à 2 000 tonnes par jour.

Si, au lieu d'un stock, nous voulons un accumulateur, nous construisons un accumulateur sur chacune des voies ; les wagonnets s'y déchargent automatiquement et il suffit d'un autre homme en dessous de l'accumulateur pour charger les véhicules ou les wagons.

Faisons une section perpendiculaire aux voies, et voyons avec quelle simplicité on peut établir l'ensemble des supports. On construit un chevalet en béton armé avec armatures longitudinales et avec des ancrages et des ligatures reliant les arcs-boutants aux traverses horizontales. On met l'ensemble dans un coffrage et on pilonne du béton fait avec de petits cailloux. Quand la prise est faite on amène les pieds en face des fondations et on fait le levage comme celui d'une grue. La seule partie à surveiller et à soigner est la ligature en A.

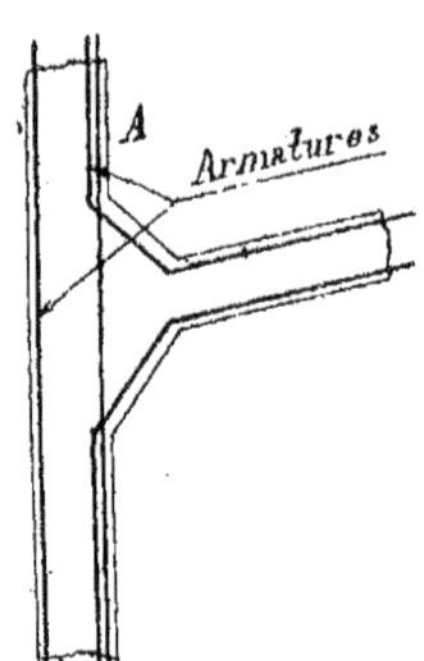

Pour reprendre le charbon du stock on peut installer un monorail entre les lignes à déchargement auto-

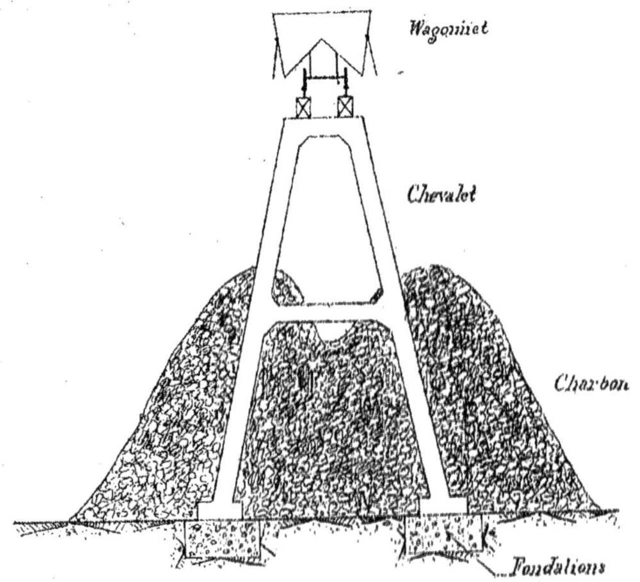

matique ; mais, le plus souvent, on installe le monorail en profitant des mêmes chevalets, et le monorail circule en dessous ; il prend le charbon avec sa poche à charbon, le soulève et passe

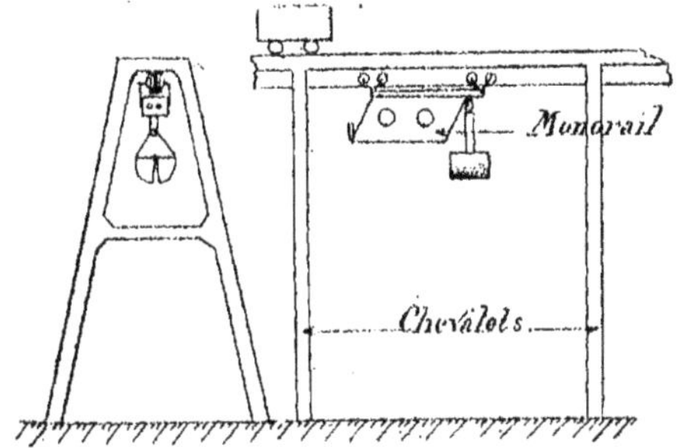

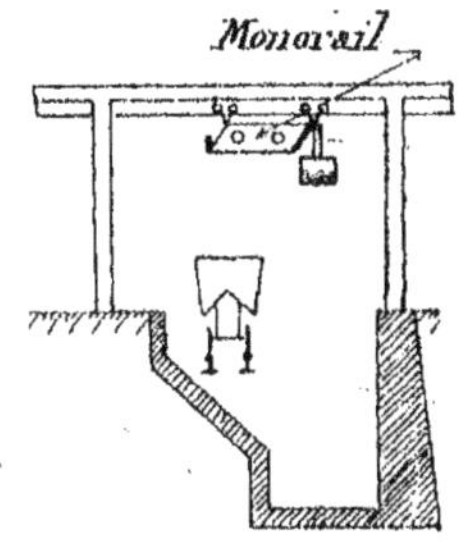

entre la partie supérieure et la traverse horizontale, ce qui lui permet de circuler tout le long en dessous des chevalets et de décharger en un point quelconque.

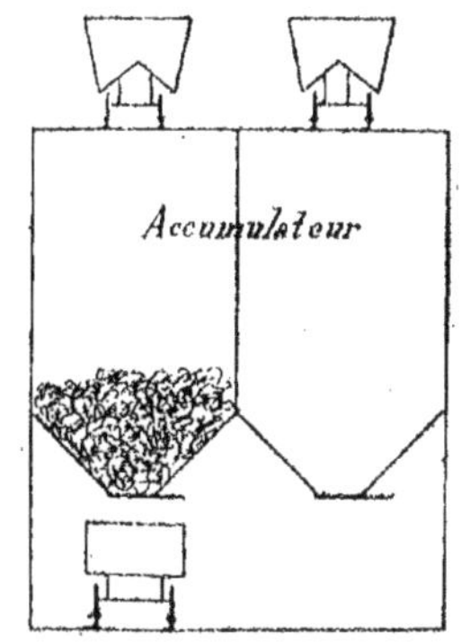

Cette poche avec suspension supérieure, conduite par un homme à l'intérieur, peut aussi servir à mettre en stock du charbon arrivant par voie ferrée dans des installations de moyenne importance. Le charbon est déchargé automatiquement par l'ouverture des portes dans un silo en béton jouant le rôle de réserve; de là il est repris par la poche de 2 à 4 tonnes qui le transporte au stock.

Ces installations sont très pratiques et peu coûteuses.

CHAPITRE V

MANUTENTION DU CHARBON

APPAREIL SILENCIEUX « SYSTÈME HUNT »

Cet appareil, servant le plus généralement à la manutention du charbon, a un grand succès dans nombre d'usines américaines. Il a le gros avantage d'être presque parfaitement silencieux. J'ai eu l'occasion de le voir fonctionner à différentes reprises et d'obtenir à son

sujet les quelques renseignements qui suivent. La stabilité des godets est telle que dans plusieurs installations on s'en sert pour la manutention des liquides.

La maison Hunt a construit aussi des transporteurs continus, où l'extrémité de chacun des godets touchant l'extrémité du godet voisin, permet un chargement continu ; mais en général elle fabrique des convoyeurs avec godets indépendants et chargés séparément.

Au point de vue de la capacité du transport le système Hunt atteint telle capacité que l'on peut désirer ; mais on accroît son débit par l'augmentation du volume des godets, plutôt que par l'augmentation de la vitesse. Dans les appareils construits par la Link Belt C°, la variation de vitesse était infiniment plus grande.

Les godets sont en tôle d'acier rivée, ou en fonte ; ils sont suspendus par un axe passant par leur plan de symétrie ; de plus,

comme les godets ne sont pas jointifs on peut enlever un ou plusieurs godets à la chaîne sans en altérer le fonctionnement. Les galets de roulement ont de 12 à 15 centimètres de diamètre, ils sont en fonte et identiques à ceux de la Link Belt, avec graissage automatique.

Pour le déchargement on emploie des culbuteurs identiques à ceux de la Link Belt ; le culbuteur pouvant circuler sur une voie parallèle et pouvant être fixé à un point voulu pour obtenir le déchargement à tel point que l'on désire ; on peut aussi donner au culbuteur un mouvement de translation automatique de façon à obtenir une répartition de la charge dans les trémies ou les accumulateurs.

Pour actionner la chaîne à godets, on emploie ici un procédé tout à fait singulier qui au premier abord semble être intermittent et peu régulier ; il fonctionne cependant remarquablement et sans à-coups.

Sur une roue dentée A, mue par un pignon B, on a monté une

série de bras articulés autour des axes O, reliés à un rayon de la roue A. L'extrémité de ces bras est circulaire et porte une gorge qui vient s'adapter sur les axes reliant les galets de la chaîne. A chaque 1/6 de tour un de ces bras vient s'engager sur un des axes de la chaîne, il la pousse puis l'abandonne.

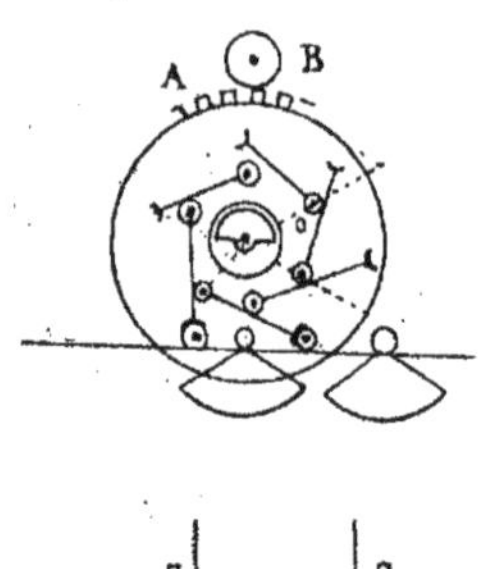

On peut avoir ainsi toujours un axe en prise, et dans certains appareils on arrive à 2 et 3 axes en prise, ce qui assure la continuité du mouvement.

Une came fixe, calée sur l'axe de la roue A, agit sur une des extrémités C des bras de poussée, et pendant les deux tiers de la rotation, les maintient dans une position telle qu'ils ne dépassent pas la circonférence de la roue A;

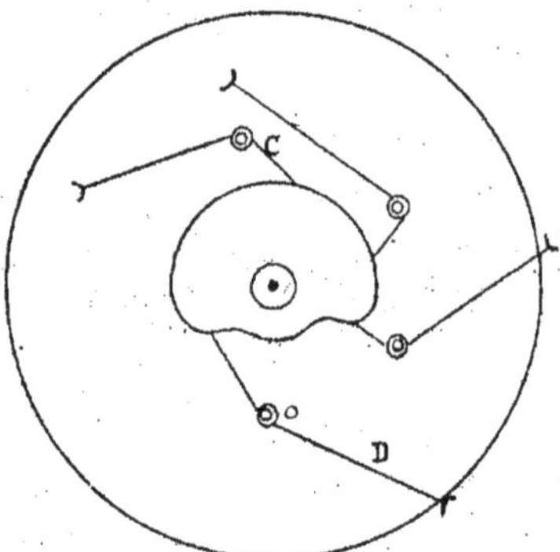

pendant l'autre tiers, la came n'agissant plus, le bras peut suivre pendant plus longtemps la chaîne du convoyeur.

De plus, la chaîne ayant un mouvement de translation ne pourrait être mue sans à-coup par un bras décrivant un mouvement de rotation absolu ; le bras D tournant autour de son axe O peut effectuer un mouvement de translation pendant que C décrit un mouvement de rotation.

Le gros avantage de cet appareil, et ce qui en fait le succès, c'est qu'il peut être placé en un point quelconque de la chaîne et qu'il peut aussi bien agir verticalement qu'horizontalement. Il suffit de changer le calage de la came.

Le mouvement d'avancement est donné grâce à deux de ces axes agissant sur les axes de la chaîne à environ 10 centimètres des galets.

La puissance motrice peut être transmise par poulie ou plus généralement on emploie une dynamo voisine avec une faible longueur de courroie, actionnant directement le pignon B. Il faut remarquer qu'à l'usage la chaîne du convoyeur subit toujours un allongement appréciable. Quand on actionne la chaîne avec un engrenage à dents fixes, il se produit des secousses dues à la fixité dans l'écartement des dents de l'engrenage tandis qu'ici on peut obtenir la continuité du mouvement en modifiant simplement la came et en produisant la prise de contact plus ou moins tôt.

On a adopté en outre un dispositif bloquant immédiatement la roue A dans le cas d'un retour en arrière, dû à l'arrêt brusque de la puissance motrice, et au poids des godets pleins qui tendraient, dans le cas d'un parcours vertical, à redescendre en entraînant les godets vides.

Remplissage des godets. — Il faut employer ici des chargeurs non continus et de plus éviter, autant que possible, la poussière et la saleté pour les galets et les chemins de roulement. On emploie ici un chargeur rotatif à tambour en tôle d'acier. Ce tambour est mû par liaison avec la roue motrice A à une vitesse convenable. Il est de plus muni d'une trémie avec fermeture s'adaptant à toutes les grosseurs du charbon transporté.

Dans le cas où l'on voudrait charger les godets avec un mélange de différentes qualités de charbon, il suffit d'installer autant de chargeurs qu'il y a de variétés de charbon, et de leur faire débiter dans chaque godet la proportion voulue.

On se sert aussi de cette faculté pour la fabrication du béton avec trois chargeurs correspondant chacun au sable, à la pierre et au ciment.

Ce chargeur cylindrique reçoit les matières en I au moyen d'une trémie de déchargement continu ; le cylindre est muni d'une série de portes, 2 ou 3, qui sont ouvertes quand elles arrivent au-dessus du godet, puis, quand la rotation continue, un taquet referme ces portes, qui ne se rouvrent qu'après être revenues au-dessus d'un autre godet.

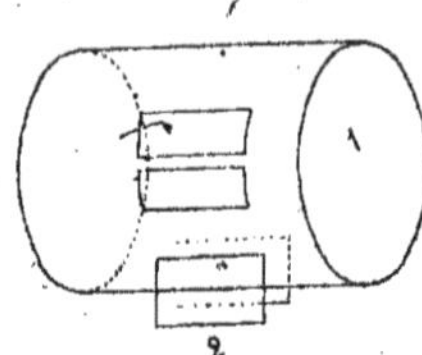

Ces chargeurs peuvent être fixes ou se mouvoir sur une voie parallèle à celle du transporteur.

Ci-joint un autre chargeur discontinu qui paraît plus économique et plus résistant que le précédent. Au-dessus de la chaîne de godets animée d'un mouvement de translation continu, on fait passer une série de godets de mêmes dimensions, mais pouvant, grâce à un taquet, s'ouvrir par la base. Les deux séries de godets sont animées d'un mouvement de translation opposée. Le charbon arrive au-dessus du godet B par une chute à mouvement continu ; quand le charbon tombe en face d'un des godets B ouvert, il le traverse et vient dans un des godets A. Il faut, dans ce cas, régler le débit de la chute C pour qu'il n'y ait pas accumulation de charbon en B ; les godets B sont simplement employés pour éviter la chute du charbon entre les godets A non jointifs ; en réglant la vitesse de B, on peut charger A avec la plus grande facilité.

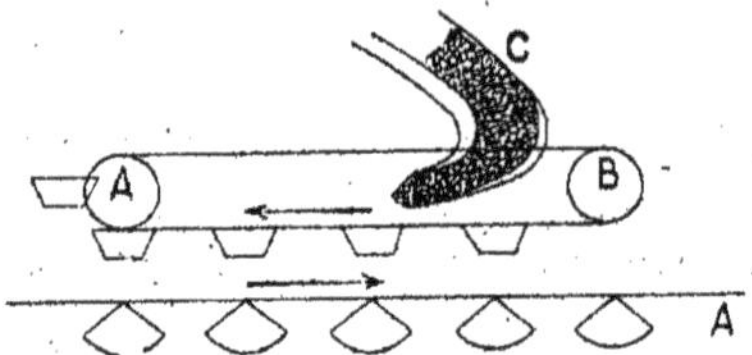

Exemples d'utilisation. — On peut indiquer ici quelques exemples des installations fonctionnant suivant le système de transport Hunt.

1° A Newark pour l'alimentation de la station centrale électrique, on reçoit le charbon soit par eau soit par voie ferrée. Le problème consiste à alimenter la station centrale se trouvant d'un côté du canal ;

le terrain étant trop restreint pour installer la station de déchargement entre le canal et l'usine, on décida de construire la station de déchargement de l'autre côté du canal, et de transporter le charbon avec un convoyeur du type Hunt. Le charbon reçu par eau est déchargé à l'aide d'une benne circulant sur un plan incliné.

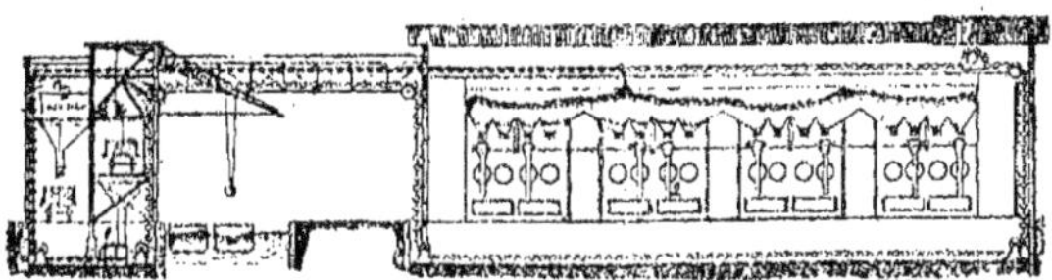

Le charbon est concassé avant sa chute dans la trémie, puis chargé dans le convoyeur en (1) ; il est élevé puis il repart vers la station centrale en passant dans une galerie au-dessus du canal. Il est alors, au moyen des basculeurs, déchargé dans les accumulateurs à charbon et débité aux foyers par des trémies. On a disposé une trémie dans l'axe et au-dessus de chacun des foyers, et on a disposé au-dessus une série de chargeurs pouvant circuler sur des voies de roulement. Les chargeurs (2) viennent s'adapter sous chacune des trémies, dont il suffit ensuite de provoquer l'ouverture.

Pour les cendres, c'est le mouvement inverse, on les accumule en (3) d'où on les déverse dans un wagon.

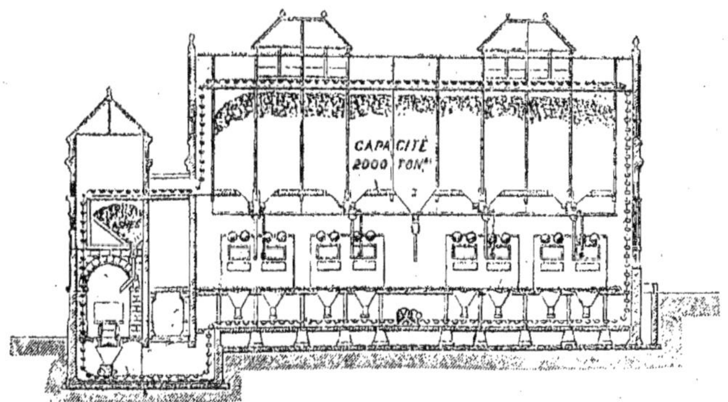

Baltimore water works.

2° Baltimore water-works. Le croquis ci-contre indique le fonctionnement de la station élévatoire de Baltimore qui est un exemple très intéressant.

Le charbon arrivant par voie ferrée est broyé et distribué dans les godets, puis réparti dans une série d'accumulateurs d'une capacité de 2 000 tonnes. Les cendres sont reprises par en dessous, et évacuées comme précédemment.

3° Station élévatoire de Brooklyn. Cette station était une vieille usine dans laquelle on a essayé d'introduire des perfectionnements. Les bâtiments n'ont pas pu permettre l'établissement des accumulateurs au-dessus des chaudières. On les a établis dans un bâtiment adjacent au niveau du sol.

Le charbon est distribué à l'aide d'un transporteur Hunt et repris ensuite par wagonnet, ce qui est un procédé tout à fait primitif.

Usine à gaz de Bedford.

4° Usine à gaz de Bedford. Cette usine utilise un convoyeur Hunt, et la photographie ci-dessus indique exactement comment le charbon est déchargé à la partie supérieure des accumulateurs. Les chutes sont montées sur un chemin de roulement circulaire et une seule chute peut servir à plusieurs accumulateurs, il suffit de la faire tourner dans le sens voulu.

CHAPITRE VI

ACCUMULATEUR A CHARBON

Une des questions les plus importantes, dans une usine ou une station centrale quelconque, est la mise en stock du charbon et des cendres au minimum de prix de revient. Cette question est d'autant plus intéressante qu'il s'agit d'éviter l'action des acides contenus dans le charbon sur toutes les parties métalliques. La plupart des accumulateurs actuels sont construits en tôle d'acier, et leur prix de revient est assez considérable à cause de la corrosion de l'acier qui nécessite un entretien particulièrement coûteux.

La société « Brownhoist », de Cléveland, a mis en service un appareil qui semble constituer le dernier perfectionnement dans la construction des accumulateurs à charbon.

Le principe est le suivant : construire une vaste trémie en tôle d'acier et la protéger par une couche de béton. On avait déjà à plusieurs reprises essayé la protection des plaques d'acier par le ciment, mais tous les essais avaient été infructueux. Le succès de Brownhoist est dû à la nouvelle forme des feuilles métalliques. Elles ont la forme ci-contre et peuvent s'emboîter l'une dans l'autre dans tous les sens, celui de la largeur et celui de la longueur.

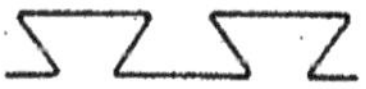

La forme de la trémie est aussi calculée pour obtenir le maximum de contenance dans le minimum d'espace et elle a l'immense avantage de pouvoir être installée dans une chaufferie; elle n'est pas disgracieuse à l'œil, et elle est particulièrement propre.

La trémie est constituée par une série de ces tôles ci-contre, supportée par des jarretières en acier. Ces soutiens en acier étant eux-mêmes supportés par des colonnes.

Les grandes brides en acier supportant les tôles sont espacées de 1 mètre à 1 m. 75, et suspendues aux colonnes par des fers à T prenant appui sur des cornières. Ces brides étant placées, on vient

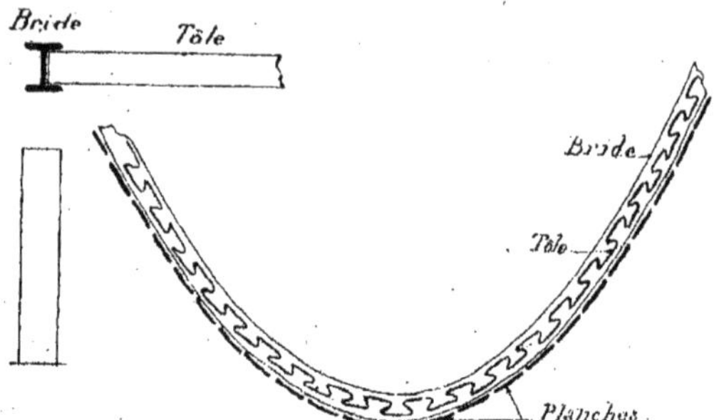

poser au-dessus les tôles que l'on boulonne. Il est à noter que toutes les brides travaillent exclusivement à la tension.

Quant aux colonnes de support, elles peuvent être exclusivement utilisées comme soutien de l'accumulateur, ou bien être prolongées et utilisées pour soutenir aussi un plancher supérieur et la toiture.

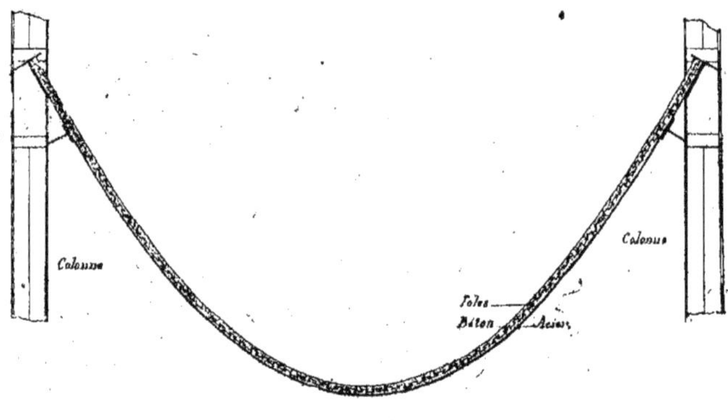

Fig. 1.

Tôles. — La tôle employée comme soutien du béton est patentée sous le nom de « Ferrocinclave ». C'est une tôle d'acier dont la forme est indiquée ci-contre dans le sens longitudinal. Les feuilles sont faites de telle sorte que l'extrémité de l'une peut s'emboîter dans l'extrémité de l'autre. Dans le sens transversal elles s'emboîtent encore plus facilement, tant à l'intérieur qu'à l'extérieur, grâce à l'inclinaison des parois de la tôle. Les creux et reliefs aident puissamment tant à l'extérieur qu'à l'intérieur à l'application et au maintien du ciment ou du béton dont on les recouvre. La suppression du coffrage généralement employé en pareil cas constitue une éco-

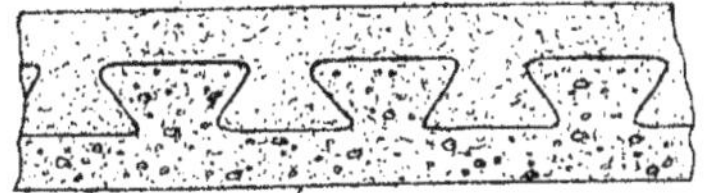

Fig. 2.

nomie considérable. La figure 2 montre de quelle façon le recouvrement en béton et en ciment est généralement exécuté.

Bétonnage. — Pour le bétonnage on opère en général de la façon suivante. Après avoir placé de grandes brides en acier de forme parabolique, on les recouvre de planches ayant une épaisseur de 2 à 3 centimètres, puis on place les tôles sur les brides. Quand on a ainsi opéré dans un intervalle comprenant deux ou plusieurs brides on procède au revêtement de la partie intérieure pour lequel on emploie en général le mélange suivant :

Ciment portland	1
Sable	2
Pierre cassée à 1 cent. 5	4

L'épaisseur de ce revêtement dépend exclusivement de la charge à supporter dans chacun des cas.

Quant au revêtement de la partie extérieure il suffit de refouler le ciment entre les parties constituées par les planches et la tôle ondulée soutenue par les brides ; pour ce revêtement on emploie en général le mélange suivant :

Ciment portland	1
Sable	2
Poil de chèvre.	

On ajoute du poil de chèvre, pour donner plus de cohésion à

cette couche extérieure, et la faire adhérer encore plus fortement aux parois de la tôle ondulée.

Les parois ainsi constituées ont l'avantage d'être économiques, tant au point de vue des frais de première installation qu'au point de vue des réparations. Elles résistent remarquablement aux acides contenus dans le charbon et dans les cendres. De plus elles résistent à l'incendie, et ne nécessitent aucune dépense de peinture.

Il est bon de noter que l'emploi des brides en fer à double T permet, dans certains cas où le revêtement extérieur n'aura qu'une faible épaisseur, de faire coulisser les tôles entre les ailes des fers à double T.

Capacité. — Les accumulateurs sont construits pour des capacités variant de 3 à 45 tonnes au mètre courant, et, pratiquement, on peut de beaucoup dépasser ce dernier chiffre, en rapprochant les brides les unes des autres.

Emploi. — Le gros avantage de ces accumulateurs est d'être particulièrement simples. On peut leur donner telle forme que l'on désire, correspondant à l'emplacement dont on dispose. Ils peuvent être construits, et c'est là leur emplacement le plus général, dans la chaufferie elle-même, au plafond, ce qui permet de distribuer du charbon à tous les foyers. Ils ont de plus l'immense avantage d'être particulièrement propres, surtout quand la manutention mécanique du charbon au-dessous est convenablement établie. Dans le cas où on a recouvert la partie supérieure de l'accumulateur, il n'y a plus la moindre trace de charbon dans la chaufferie.

Déchargement. — Ces accumulateurs ainsi suspendus sont munis d'une série d'appareils de déchargement particulièrement pratiques et faciles à manœuvrer.

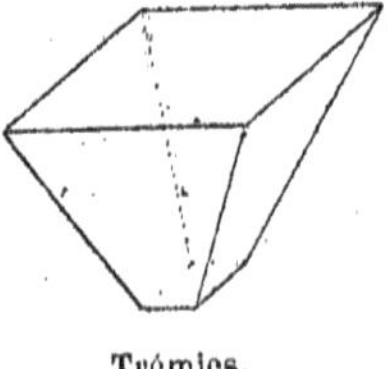
Trémies.

On pratique tout d'abord dans la paroi de l'accumulateur des ouvertures pour les trémies en substituant à la tôle ondulée une trémie en tôle d'acier lisse qui sera ultérieurement recouverte de ciment.

A la base de cette trémie, on dispose un système d'ouverture et de fermeture. Cet appareil consiste en deux mâchoires pouvant s'emboîter l'une dans l'autre (1 et 2.) Quand on veut ouvrir, il suffit de tirer sur la chaînette actionnant la poulie et écartant les deux mâchoires de leur position primitive au moyen de deux cames. La fermeture se fait automatiquement dès que l'on abandonne la chaînette. L'ouverture est suffisante pour donner passage aux plus gros blocs de charbon.

Pour les accumulateurs à cendre, on emploie généralement des trémies, et des chutes entièrement recouvertes de ciment pour éviter la corrosion de l'acier.

Quant aux chutes on peut les établir d'une façon variable suivant

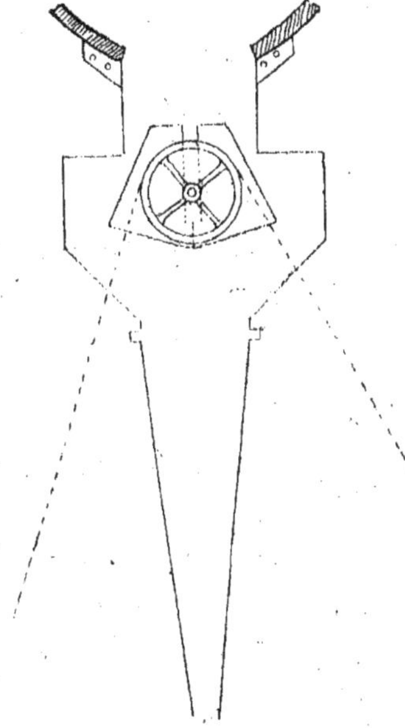

Fig. 4.

les nécessités des divers cas ; mais les plus généralement employées sont les chutes oscillantes, les chutes stationnaires et les chutes à angle.

Dans les chaufferies où les foyers sont généralement opposés deux à deux, on emploie le plus souvent la chute oscillante qui permet de desservir les deux foyers (fig. 4).

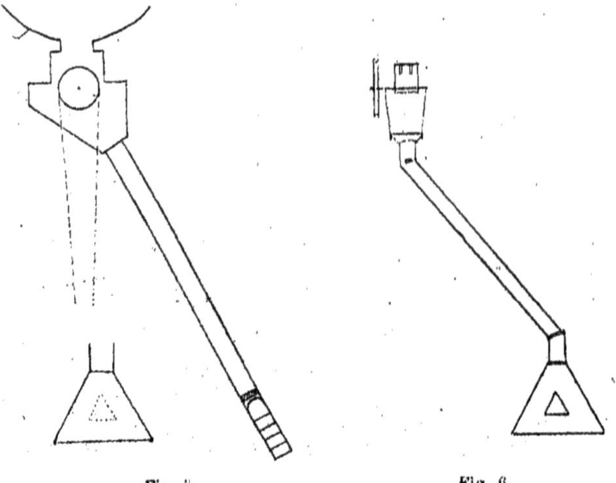

Fig. 5. Fig. 6.

La chute fixe est généralement munie d'un répartisseur à la base (fig. 5).

La chute à angle permet de distribuer le chargement de charbon en des points situés en dehors de l'axe de symétrie de la trémie (fig. 6).

CHAPITRE VII

PESAGE AUTOMATIQUE SUR TRANSPORTEURS A COURROIES

BALANCE ROLIN

Cette balance a été inventée par l'un des ingénieurs de la Maison Rolin et la fabrication en est actuellement dans les mains de « l'Electric Weighing » 180, 13e Avenue, New-York. Elle fonctionne dans toutes les usines et dépôts aux environs de New-York et en Pensylvanie, notamment aux usines de Bethléem (aciéries), où elle a remplacé toutes les autres balances des types antérieurs.

Balance. — L'appareil en lui-même est constitué par une caisse A soutenue par des piliers en fer. Cette caisse contient trois bras de balances ou fléaux a, a', a'' ; a et a' sont des fléaux extérieurs et a'' le fléau central sur lequel viennent se concentrer les efforts, supportés par a et a'.

Les fléaux extérieurs soutiennent, en des points convenablement choisis, l'ensemble des galets et de la courroie transportant le charbon et d'autre part en un autre point l'ensemble des galets et de la courroie descendante ne transportant pas de charbon.

On voit donc que, dans l'intervalle des piliers de la caisse, on supporte par les extrémités des fléaux : d'une part tout ce qui a trait au charbon, et de l'autre tout ce qui ramène la courroie à vide. Les rails sur lesquels roulent les galets, la courroie, les axes des galets et la chaîne sont donc dans cet intervalle supportés par le fléau.

La courroie transportant le charbon pèse plus que la courroie à vide, et comme leurs poids agissent dans des sens opposés on pourra mesurer la différence des deux poids ou le poids relatif

On aura apparemment évalué le poids de chacune des parties mobiles et leur différence de poids absolu, se retranchant du poids relatif, donne à chaque instant le poids du charbon.

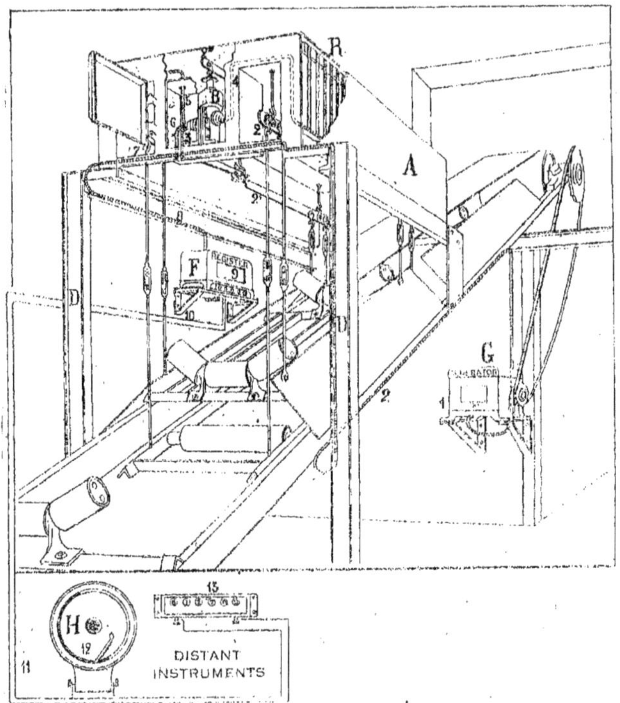

Fonctionnement. — Le principe est d'évaluer le poids par une lecture sur un ampèremètre. Le poids du charbon passant dans un temps donné, est proportionnel à sa vitesse et à sa pesanteur. Si la vitesse est constante P = *v. p.*

On installe un petit générateur d'électricité, mû par chaîne et tournant constamment à une vitesse proportionnelle à celle de la courroie ; l'excitation est telle que son voltage sera constant et non proportionnel à la vitesse ; d'où U = K.

D'autre part le courant débité par le générateur passera dans des résistances proportionnelles au poids à chaque instant $R = K'P$, mais dans le circuit du courant de ce petit générateur on a $U = R\ I$ et en substituant : $U = RI = K'PI = K$, dans cette dernière égalité, nous avons $P = \frac{K}{K'I}$ c'est-à-dire le poids à chaque instant par la mesure de l'intensité à chaque instant.

Le rapport $\frac{K}{K'}$ est mesuré expérimentalement par quelques opérations entières.

Détail du fonctionnement. — On peut se rendre compte du fonctionnement des balances par le schéma ci-contre : toutes les

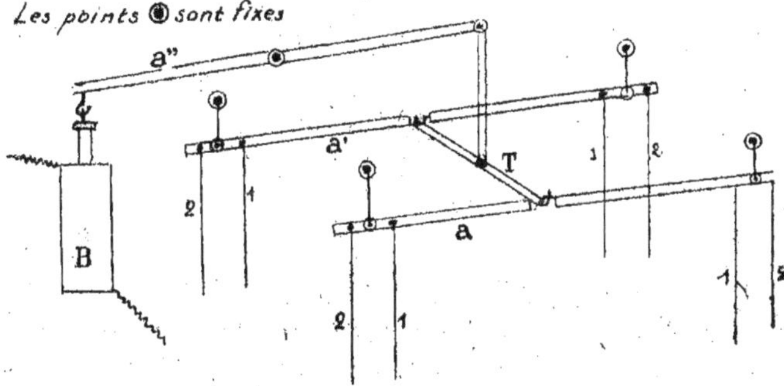

tiges (1) supportent la courroie lourde, c'est-à-dire celle qui transporte du charbon. Toutes les tiges (2) supportent la courroie vide. Toutes les tiges (1) agissent sur la barre T, qui à son tour agit sur la balance a''; cette balance a'' sert, grâce à ses oscillations, à faire varier l'intensité du courant électrique grâce à l'intermédiaire de la boîte à résistance B.

Rhéostat. — Ce rhéostat est absolument remarquable par sa simplicité et sa robustesse. La variation de l'inclinaison des bras de lévier a'' amène l'enfoncement plus ou moins grand de la partie C dans une cuve à mercure.

La partie C soutient sur ses parois une série de fiches en cuivre reliées par des résistances métalliques étalonnées, que l'on peut voir dans la figure en R.

Dans le cas de la figure le courant venant de la dynamo passe successivement dans les résistances 1, 2, 3, 4 et 5, car le contact 4 n'a pas encore touché le mercure. Le courant continue son chemin à travers la masse de mercure.

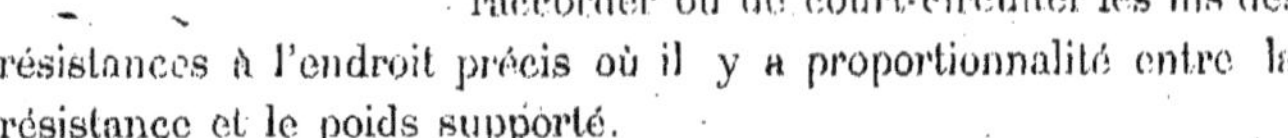

Rhéostat.

L'appareil est construit de telle façon que toute la partie C puisse s'enfoncer dans la cuve à mercure; d'autre part, il y a des contacts sur toute la surface du cylindre C de façon à ce qu'une faible variation dans le poids corresponde à une variation proportionnelle de la résistance. Les résistances sont disposées sur les côtés de la caisse A et elles sont étalonnées à l'atelier. On obtient ainsi un réglage aussi parfait que l'on veut; il suffit de raccorder ou de court-circuiter les fils des résistances à l'endroit précis où il y a proportionnalité entre la résistance et le poids supporté.

Mesure du courant. — La mesure du poids se ramenant à une mesure de courant, il faut évaluer ce dernier, et trouver un appareil totalisateur d'ampères.

Cet appareil est un vulgaire compteur OK à induit tournant entre deux aimants.

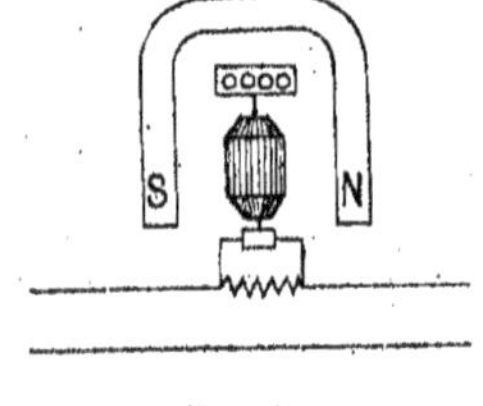

Compteur.

L'induit est shunté et ne reçoit qu'une partie du courant du circuit; et il est soutenu par un axe supporté par un flotteur sur une cuve de mercure, ce qui réduit les frottements et rend le compteur plus exact étant donnée la faible intensité du courant fourni par le générateur.

Appareil enregistreur. — C'est un simple ampèremètre dont l'aiguille oscille autour d'un centre se trouvant en dehors de la circonférence.

Le disque est gradué par une série de circonférences indiquant les poids et il tourne de 360° en vingt-quatre heures.

Quand on ne transporte rien, l'aiguille reste immobile et la plume décrit une circonférence.

Sur la figure on voit que de 1 heure à 3 heures et demie on a transporté 100 tonnes, de 3 heures et demie à 5 heures on n'a rien transporté et de 5 heures à 7 heures on a transporté 300 — 100 = 200 tonnes ou en tout 300 tonnes de 1 heure à 7 heures. Cet

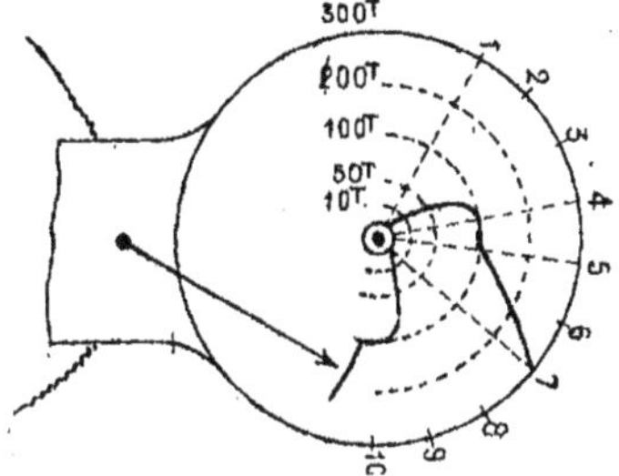

Enregistreur.

appareil est relié à distance au compteur que nous avons déjà décrit. Il est en général placé dans le bureau de l'ingénieur qui peut ainsi se rendre compte à chaque instant de la quantité de charbon transporté. On peut ainsi avoir, dans le même bureau, une série de compteurs indiquant pour chaque matière la quantité qui est entrée dans l'usine à un moment déterminé.

L'ensemble de tous ces appareils est renfermé de façon hermétique pour les protéger contre la poussière.

L'appareil est compensé pour les changements de température, ainsi que pour les tensions de la courroie.

Cet appareil semble devoir se généraliser rapidement à cause de sa simplicité.

CHAPITRE VIII

TRANSPORTS AÉRIENS (CABLEWAYS)

Ce mode de transport est le plus répandu aux États-Unis et son succès au canal de Panama l'a rendu tellement populaire qu'on en fait parfois un usage un peu exagéré.

On peut diviser l'ensemble de ces transporteurs aériens en deux grandes catégories principales :

1° *Transport par câble normal.* — Ce système est constitué par la traction, sur un câble, d'une benne soutenue par un ou

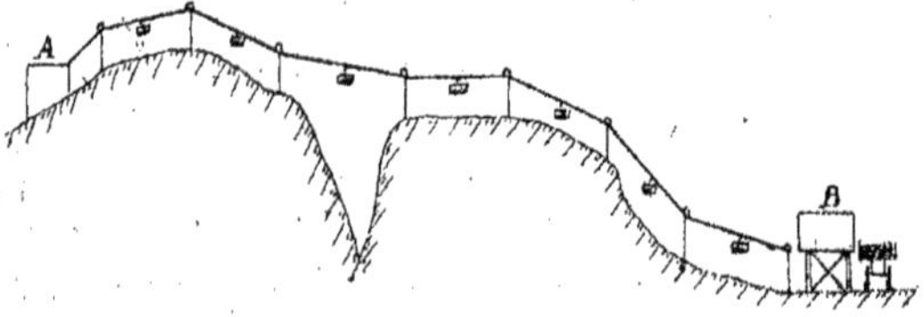

plusieurs galets ; mais ici les points de support du câble porteur sont distants au plus de 100 à 150 mètres et le but à obtenir, en montagne particulièrement, est de substituer ce mode de locomotion à une voie ferrée qu'il serait très difficile de construire. Voici quelques détails sur l'installation faite par la compagnie de Chemin de fer « Pensylvania » à la Belvedère Delaware division.

Entre A et B distants de 2 050 mètres se trouvent toute une série de carrières où l'on exploite de la pierre nécessaire au ballast.

La dénivellation entre A et B est de 153 mètres ; il serait donc impossible de construire une voie ferrée permettant l'exploitation simultanée de 23 carrières réparties sur le profil grossièrement représenté ci-contre.

On a adopté le transport aérien avec un câble continu permettant aux bennes de marcher continuellement dans le même sens. Le déchargement a lieu automatiquement dans les wagons à voie normale.

Le câble porteur a une longueur totale de 1520 mètres. Il est fixe; son épaisseur est de 2 cm. 84 pour soutenir les bennes pleines, et de 2 centimètres pour les bennes de retour vides.

Le câble de traction mû par le moteur a 1 cm. 6.

Les bennes sont relativement petites, et ne contiennent que 300 kilos de pierres.

2° *Transport aérien à grande portée.* — Ces transports ne sont utilisés que quand la distance à franchir est supérieure à 150 mètres et quand il s'agit d'une dépression importante. — On a fait des installations avec lesquelles on franchit une distance de 800 mètres. — Il y a deux types principaux :

a) Câble incliné ou transport par la gravité.

b) Câble horizontal ou légèrement incliné avec puissance motrice.

Cable incliné. — L'idée ingénieuse de ce mode de transport vient d'un maître carrier des ardoisières de Pensylvanie ; elle a été

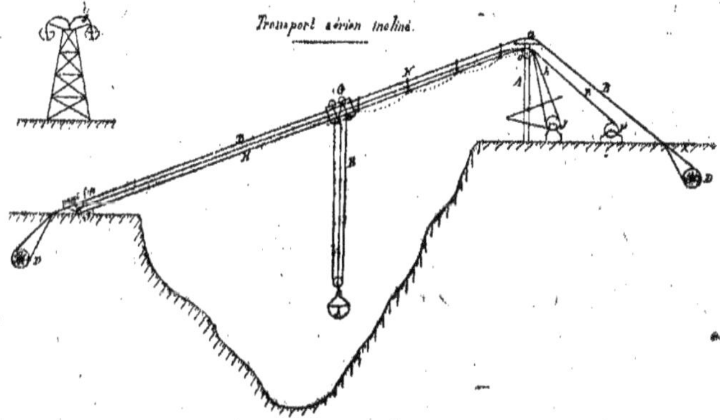

reprise par la Compagnie du gaz de Bethléem qui s'en sert pour décharger ses bateaux, et elle a été lancée dans l'industrie par plusieurs grosses maisons de construction comme Flory et Sidgerwood.

On peut atteindre ainsi une pente de 15 p. 100 et n'utiliser qu'un seul support.

L'ensemble de l'appareil est constitué de la façon suivante :

1° Un câble porteur B ancré de chaque côté en D D' et passant sur une selle *a* soutenue par le poteau A.

2° Un câble sans fin H s'enroulant en J et J' est relié à chacun des côtés de la cage G, qu'il sert à entraîner.

3° Un câble E s'enroulant autour de la poulie motrice F produit l'ascension et la descente de la benne.

4° Une série d'appareils tels que K et qui ont pour but de maintenir le parallélisme constant des câbles et d'éviter qu'ils se mêlent.

Détails. — La selle *a* servant à soutenir le câble est en fonte moulée, elle peut avoir un diamètre de 3 m. 50. La durée du câble dépend souvent du diamètre de la selle et de la répartition de la charge qui en résulte.

Le support A peut, suivant les cas, être construit très simplement par une colonne contreventée ou par un derrick ou par une tour en madriers contreventée dans tous les sens.

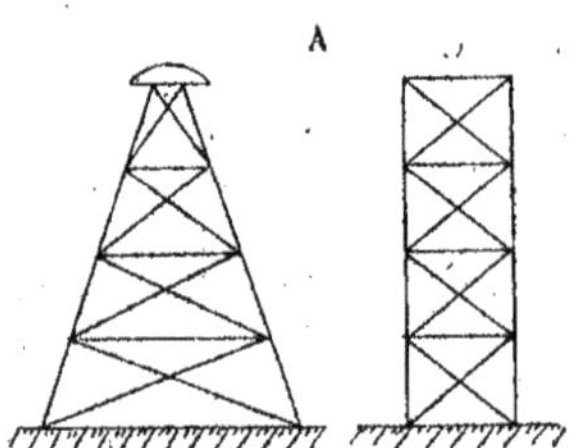

Les ancrages D sont faits, en général, avec des arbres de 1 m. 50 de diamètre autour desquels on enroule le câble et on le fixe ; le tout est enfoncé à une profondeur de 3 à 4 mètres et maintenu par des blocs de pierre placés au-dessus. Quand on est sur le roc on fait un trou de 0 m. 12 à 0 m. 15 de diamètre et de 1 m. 40 de profondeur on y enfonce une barre d'acier à laquelle on fixe le câble porteur.

La cage est constituée par une armature métallique supportée par deux galets O ; quand la cage est longue on répartit la charge

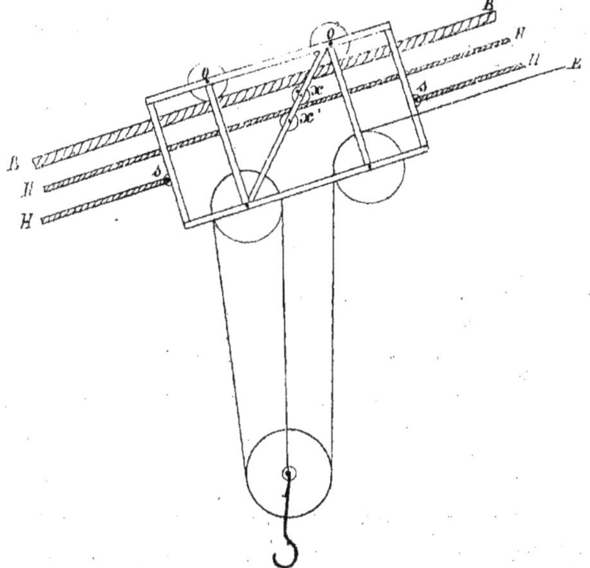

sur le câble en adjoignant une ou deux poulies ou galets que l'on met à l'extérieur. Les galets roulent sur le câble porteur fixe B.

Le contrôle du mouvement de la cage a lieu grâce au câble H, fixé à la cage aux deux points S ; sa position est maintenue constante par rapport à la cage grâce aux deux galets x x'.

La commande du mouvement de la benne a lieu grâce au câble E.

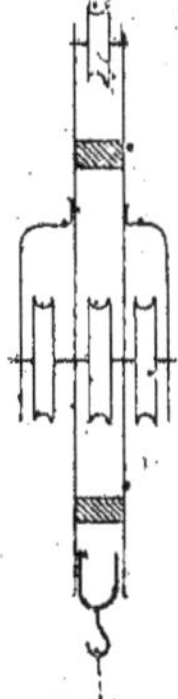

Les deux extrémités du câble H et celle du câble E passent en haut des poteaux A sur trois poulies folles montées sur les mêmes axes e et h.

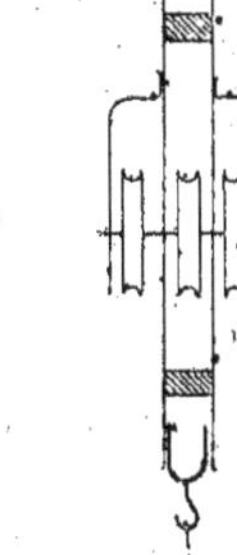

Le cadre K est constitué par deux montants verticaux soutenant quatre galets ou poulies à gorge correspondant aux câbles B, H,

E, N. L'ensemble de ces cadres suit le mouvement de la cage en descendant, mais ils sont tous reliés par un crochet à une chaînette, et la chaînette initiale est fixée au poteau A.

Quand la descente a lieu, chacun des cadres est successivement arrêté par la tension de la chaînette le reliant au précédent. On

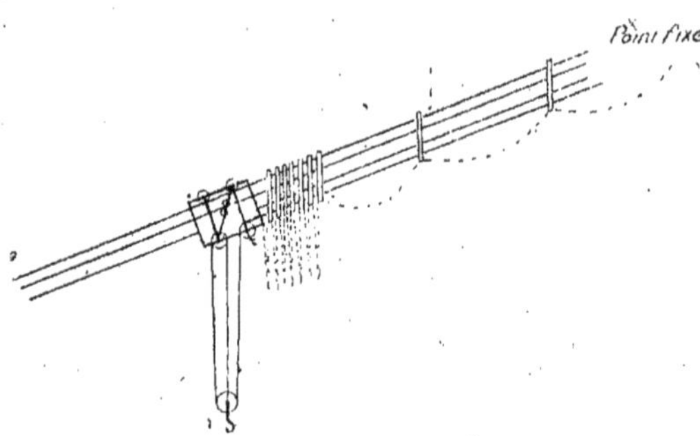

obtient ainsi une grande régularité dans la position respective des cadres. A la montée la cage remonte tous les cadres avec elle, et les chaînettes se replient.

Manœuvre. — Quel que soit le sens dans lequel on transporte les matériaux (déblais ou remblais) l'appareil est construit de telle façon que la descente ait lieu par gravité, c'est-à-dire par le seul poids de la cage et des poids suspendus; le câble H s'enroule plusieurs fois autour de la poulie I et on peut obtenir, par un freinage puissant, l'arrêt de la cage à l'endroit voulu.

Le mécanicien obéit aux signaux du contremaître sur le chan-

PLUS HAUT	PLUS BAS	DOUCEMENT	HALTE

tier, ces signaux sont généralement électriques et ils se manifestent par l'apparition sur un écran de signaux lumineux différents.

On construit ainsi des câbles inclinés de 60 à 300 mètres de portée.

Le diamètre du câble porteur varie de 3 cm.75 à 5 cm.30.

Le diamètre du câble H varie de 1 cm.05 à 1 cm.32.

Le diamètre du câble de levage E varie de 1 cm.55 à 2 centimètres.

On emploie en général des câbles de 6 torons et 19 fils en acier, et les propriétaires des nombreuses installations déjà en service déclarent que le câble sans fin H peut durer de deux à trois ans, le câble de levage deux ans et le câble porteur de cinq à dix ans.

3° *Transport aérien horizontal.* — Le câble porteur B est soutenu par deux colonnes A et, le plus souvent, par deux derricks ou par deux tours soit métalliques soit en bois.

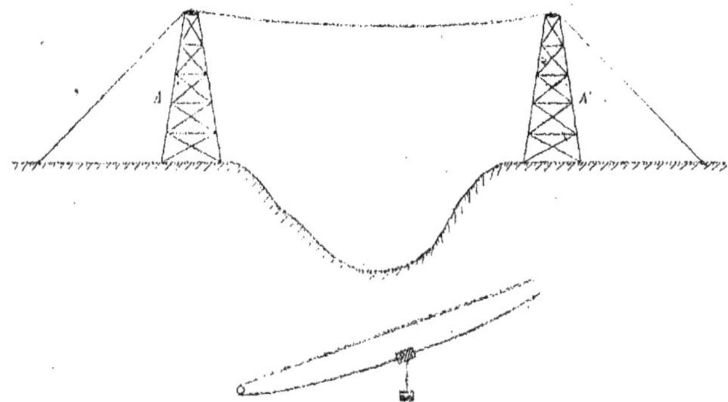

Le principe est identique au précédent, mais ici le mouvement de la cage nécessite dans les deux sens, l'intervention du moteur J, tandis que dans le cas précédent, la descente était automatique et le moteur ne travaillait qu'à la montée.

Dans le cas précédent le câble incliné n'avait qu'un seul tambour de friction à cause de la gravité, ici il faut deux tambours reversibles et l'enroulement du câble sans fin H sur les tambours permet d'assurer l'arrêt de la cage G au point voulu. Au point de vue de la position de la machine donnant la force motrice, il est préférable de l'installer au point le plus haut quand il s'agit de déblais, car la traction sur le câble H et la cage a lieu d'une façon plus directe que s'il fallait transmettre la force par l'intermédiaire de la poulie se trouvant sur l'autre colonne ; on évite ainsi la tension qui serait due aux deux arcs de chaînette 1 et 2.

On peut visiter à Tarenteun (Pensylvanie) l'installation de la « Hamilton Coal C° » qui délivre du charbon aux fabriques de papiers se trouvant à l'extrémité de l'Alleghany à 670 mètres de la rive est.

Précédemment le charbon était transporté par voie ferrée et la voie faisait un détour de 7 km,200.

L'installation date de deux ans, et ses caractéristiques sont les suivantes :

Les deux tourelles ont 30 et 24 mètres de hauteur, la portée est de 670 et la flèche est de 15 mètres.

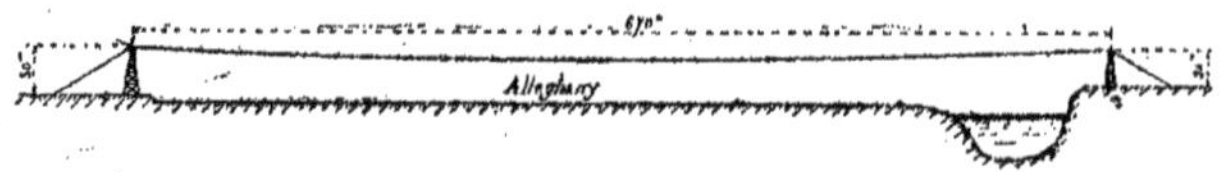

Le câble porteur a 762 mètres de long et 5 cm. 78 de diamètre.

Le câble sans fin H a 1.342 mètres et 1 cm. 70.

Le câble de levage E a 762 mètres et 2 centimètres.

Les ancrages du câble porteur ont été faits dans des massifs de béton surchargés de blocs de pierre.

Les trolleys ou cadres K sont normalement espacés de 12 mètres.

La puissance motrice est fournie par un moteur Féory de 50 HP; il agit par engrenages sur les poulies I et F dont le diamètre doit être assez grand pour l'enroulement convenable du câble. On augmente d'ailleurs l'adhérence en mettant des gorges en bronze faciles à remplacer.

La benne de charbon contient 3 000 kilos et l'ensemble pèse 4 560 kilos. On peut faire dix voyages à l'heure, soit une moyenne de 300 tonnes par jour. Il faut en tout cinq ouvriers et un mécanicien chef.

Le transport primitif par voie ferrée coûtait environ 2 fr. 25 la tonne et, grâce à l'installation actuelle, le transport revient à une moyenne de 0 fr. 65 par tonne de charbon, rendu dans les accumulateurs de la papeterie.

Pour le même débit et une portée moitié moindre, 300 mètres par exemple, on ne dépasse pas le prix de 0 fr. 45 par tonne.

Dans le cas actuel il eût été impossible de construire un support intermédiaire à cause des inondations de l'Alleghany, qui, dans cette région, prennent des proportions considérables.

Emploi des transports aériens. — Ces modes de transport ont

été appliqués tant à la manutention du charbon qu'à celle des matériaux (sable, pierre, béton) nécessaires aux grandes entreprises de travaux publics.

Ces câbles ont été employés pour la construction des écluses de Gatun à Panama. Chacune des tours peut se mouvoir parallèlement au canal et peut, par conséquent, servir à alimenter telle section transversale que l'on voudra. La digue de Gatun a nécessité l'emploi de 8 « Cableways » du genre Lidgerwood. Les bennes

FORCE	CYLINDRES		TAMBOURS pour câble B (levage).		BOUILLEURS		
	Diamètre.	Longueur.	Diamètre.	Longueur.	Diamètre.	Hauteur.	Nombre de tube de 6 cm. de diam
	mètres.	mètres.	mètres.	mètres.	mètres.	mètres.	
20 H.-P.	0,177	0,254	0,609	0,656	1,010	2,200	96
30 H.-P.	0,210	0,254	0,609	0,609	1,060	2,540	102
50 H.-P.	0,254	0,304	0,700	0,700	1,360	2,720	172

garnies de 8 tonnes de béton, sont reprises par la cage et transportées au-dessus des écluses, à une vitesse moyenne de 600 mètres à la minute. Un voyage aller et retour de la benne, comprenant son chargement à la bétonnière et son déchargement au chantier dure environ 1 m. 25 secondes.

On peut admettre qu'un appareil Lidgerwood du type employé à Gatun peut transporter 500 tonnes de béton à l'heure.

Les chantiers du « Caskill aqueduct » à Valbella, utilisant un câble de 650 mètres de portée, débitent une moyenne de 250 tonnes de béton aux chantiers de la digue de Kensico.

Dans le Texas et le Colorado ces appareils ont fait merveille pour le transport des bois.

Dans l'Ohio et le Kentucky on s'en est servi particulièrement pour la construction des ponts. On installe un câble en travers de la rivière au-dessus du pont à construire et on alimente tous les chantiers avec un ou deux transports aériens de ce genre.

Dans plusieurs petits ports du New-Jersey, aux environs de

Newark, on peut voir certaines usines, qui, étant en recul du rivage, ne peuvent amener leur charbon par bateau jusqu'à l'usine. Elles installent alors un câble au-dessus des propriétés voisines en payant une simple redevance, et elles prennent directement leur charbon dans les chalands grâce au dispositif ci-contre.

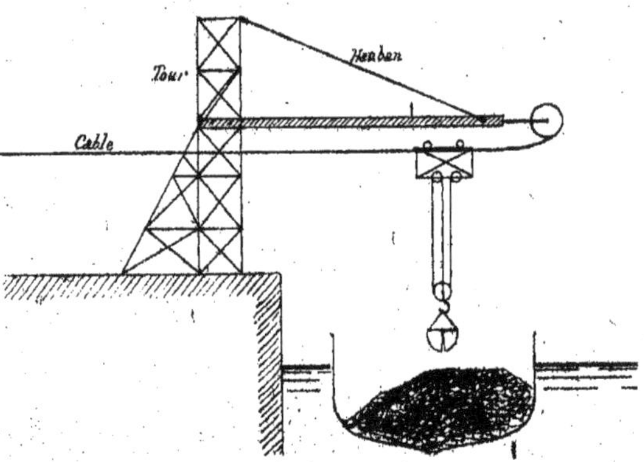

Le câble porteur est attaché à l'extrémité d'une volée en porte à faux et on ménage dans la tourelle un passage pour la benne. Le mécanisme est le même que dans les cas précédents et le câble sans fin s'enroule aussi sur la poulie à l'extrémité de la volée. En général dans ce cas on emploie des bennes se chargeant automatiquement par simple chute dans la masse de charbon, elles se referment dès qu'on les remonte vers le haut.

CHAPITRE IX

FOURS A COKE DES ACIÉRIES DE BETHLÉEM

TRANSPORT MÉCANIQUE DU CHARBON

Les aciéries de Bethléem sont parmi les plus importantes de l'État de Pensylvanie, et leur accroissement est prévu pour de nombreuses années encore, si l'on en juge par l'espace libre qu'elles ont autour d'elles, et dont elles se sont assuré la propriété.

La manutention mécanique du coke et du charbon aux usines de Lehigh Valley, qui sont une dépendance des aciéries, et qui fournissent à ces dernières le coke nécessaire aux hauts fourneaux et le gaz aux fours à puddler et aux fours Martin est particulièrement intéressante à étudier.

Nous allons étudier successivement l'arrivée du charbon, le broyage, le pesage, et la distribution aux fours à coke.

Arrivée et mise en stock du charbon. — Cette partie de l'installation est une des plus caractéristiques par sa nouveauté, et par la rapidité du fonctionnement. Les wagons chargés de charbon arrivent par trains jusqu'au point A où ils sont successivement décrochés; ils descendent alors par gravité au point B. A ce moment un chariot roulant sur une voie plus étroite et entraîné par un câble sort de son garage inférieur, et conduit le wagon sur une rampe de 4,5 p. 100 jusqu'au basculeur. Les deux positions n° 1 correspondent au début de la descente du wagon; les deux positions n° 2 correspondent au dégagement du chariot et au début de la montée de l'ensemble qui se poursuit jusqu'à l'arrivée au basculeur.

Dès que le wagon est sur le basculeur, le chariot redescend à sa position initiale pour reprendre un autre wagon. Après avoir été basculé, le wagon vide descend en C par la gravité, puis est arrêté par un butoir qui le renvoie sur la voie des wagons vides ; l'aiguil-

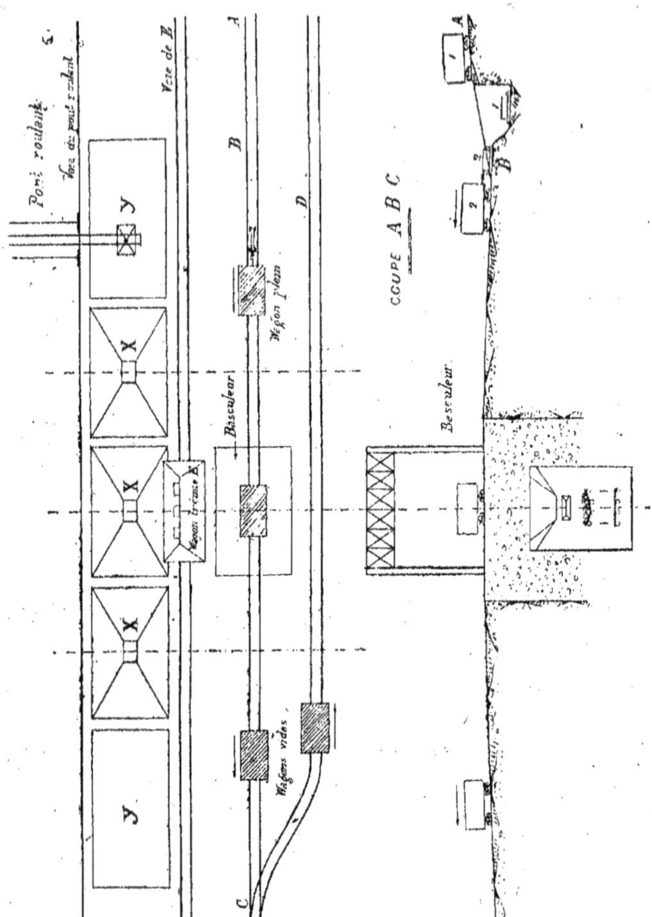

lage se fait automatiquement, au passage de chaque wagon. Quand on a un nombre suffisant de wagons vides en D ils sont repris par une locomotive.

Revenons au charbon, qui après avoir été basculé se trouve dans un wagon trémie E; ce wagon circulant sur les rails peut se

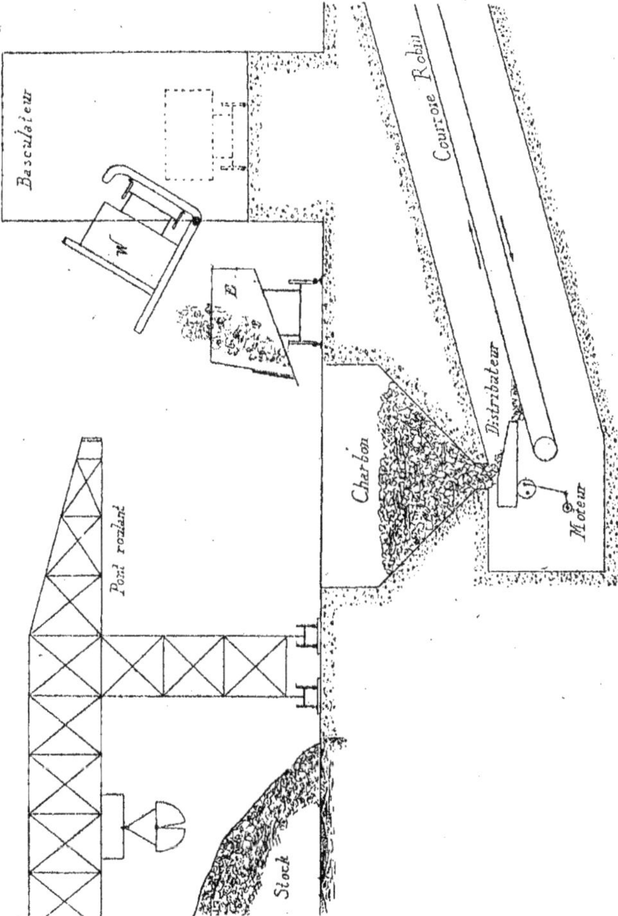

décharger par l'ouverture de portes latérales, soit dans une des trémies X, soit dans les silos Y.

A chacune des trémies X, construites en béton, correspondent en dessous, des distributeurs qui déchargent le charbon sur une courroie dite « Conveying Belt » de la Compagnie Robin. On a ainsi trois de ces élévateurs à courroie.

Quand la consommation est inférieure au tonnage d'arrivée, il faut constituer un stock. Le wagon E est déchargé alors dans les silos Y d'où le charbon est repris par un pont roulant de 80 mètres de portée, et mis en stock avec une benne de 5 tonnes. L'opération inverse a lieu quand le tonnage d'arrivée est inférieur à la consommation.

Il faut noter que le chariot de poussée est mû par un câble sans fin s'enroulant sur l'axe d'un cabestan à axe horizontal. La descente a lieu par simple gravité.

Sur la coupe ci-contre, passant par l'axe du basculeur, on peut se rendre compte immédiatement de la marche du charbon qui, après avoir été vidé en E dans une des trémies, est régulièrement distribué sur les courroies Robin, par une simple table ayant un mouvement régulier d'arrière en avant grâce à un excentrique monté sur un petit moteur de 8 chevaux. La courroie avance d'un mouvement régulier, et sa vitesse est réglable suivant la consommation.

Chaque opération du basculeur dure 1 m. 15 secondes, et on peut basculer 45 wagons à l'heure ; chaque wagon contenant au moins 50 tonnes de charbon (quelquefois 60) on peut obtenir $45 \times 50 = 2.250$ tonnes par heure, soit 22.500 tonnes par journée de 10 heures.

Au point de vue du personnel il y a en tout :

Un homme au décrochage des wagons ;

Un homme à la manœuvre du chariot ;

Un homme au basculeur ;

Un homme à la manœuvre du wagon E ;

Un homme au pont roulant ;

Un homme à la surveillance des trémies (qui enlève les gros blocs et les morceaux de bois).

Soit six hommes en tout pour la mise en stock, ou la consommation possible de 20 000 tonnes de charbon par jour.

BASCULEUR. — Ce basculeur a été inventé et breveté par M. Hulett, ingénieur en chef des Ateliers Wellmann Seaver Cº à Cle-

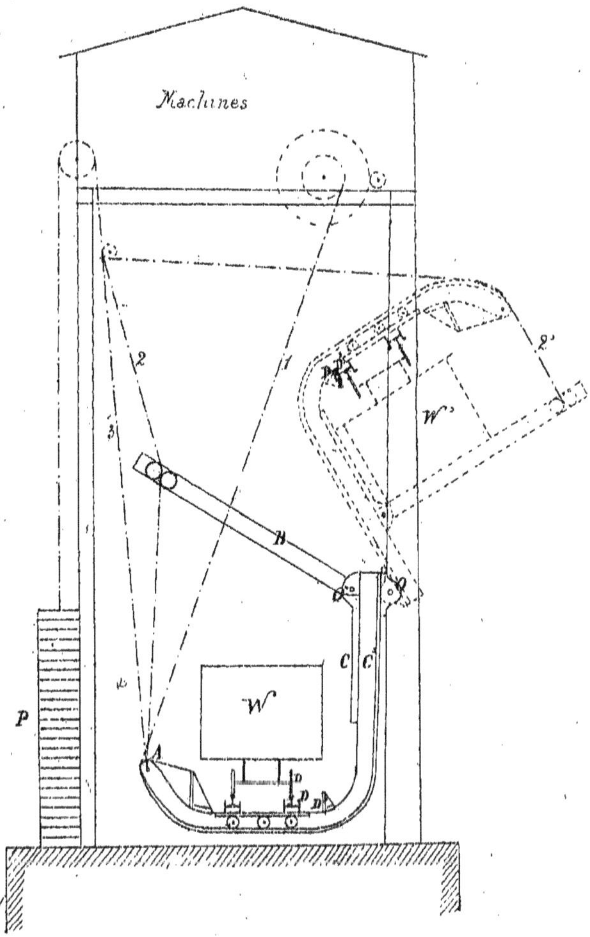

veland. Le dessin ci-contre représente le schéma du fonctionnement.

Le wagon repose sur ses rails; il est maintenu dans le sens des rails par des butoirs. L'ensemble se compose de deux parties mobiles A et B tournant autour des axes O et O'; l'axe O est fixe, l'axe O' est mobile et la rotation du bras B ne peut avoir lieu que lorsque la partie supérieure du wagon s'appuie sur lui. De même, au début de la rotation il se produit deux mouvements de translation : 1° le wagon reposant sur des rails est soutenu par une série de galets qui permettent au début de la rotation aux deux parties D et D' de s'appuyer l'une sur l'autre; 2° de même C coulisse sur C' et quand la partie latérale du wagon s'appuie sur C, l'axe O' est immobilisé et la partie B s'appuie sur le wagon.

Le wagon à ce moment est immobilisé par trois de ses côtés.

La rotation a lieu par l'enroulement des câbles 1 et 3, et le retour a lieu par le câble 2.

Le retour est facilité par la série de contrepoids P qui régularisent la montée, et favorisent la descente dont le début s'effectue par le câble 2.

La chambre des machines se trouve à la partie supérieure, et tous les moteurs sont mus électriquement; un seul homme suffit à la manœuvre de l'ensemble.

Élévateurs et broyage. — Les trois élévateurs 1, 2 et 3, prennent le charbon aux trémies de déchargement, et le transportent au 2e étage du bâtiment A.

Le charbon est déversé dans des trémies d'où il tombe immédiatement dans de vastes concasseurs, munis de grillage à mailles d'un diamètre maximum de 5 centimètres. Le broyage est obtenu par la chute d'énormes marteaux de 10 kilos environ et que la rotation des concasseurs fait continuellement retomber sur le charbon. Les pierres, morceaux de bois, et tout ce qui ne peut passer à la maille de 5 centimètres sont rejetés et entraînés par le convoyeur qui déverse les refus dans un wagonnet.

A la sortie des concasseurs, le charbon est composé mi-partie de poussière, et mi-partie de têtes de moineau. Un triage très sommaire est automatiquement fait par secousses sur des tables de faible largeur, et seule la tête de moineau est envoyée à l'étage au-dessous, dans des broyeurs (*c*) plus fins, qui réduisent le tout en poussière. Le charbon ainsi broyé est envoyé par des trémies dans une série de petits accumulateurs disposés au rez-de-chaussée. On dispose de deux séries d'accumulateurs, de faibles dimensions,

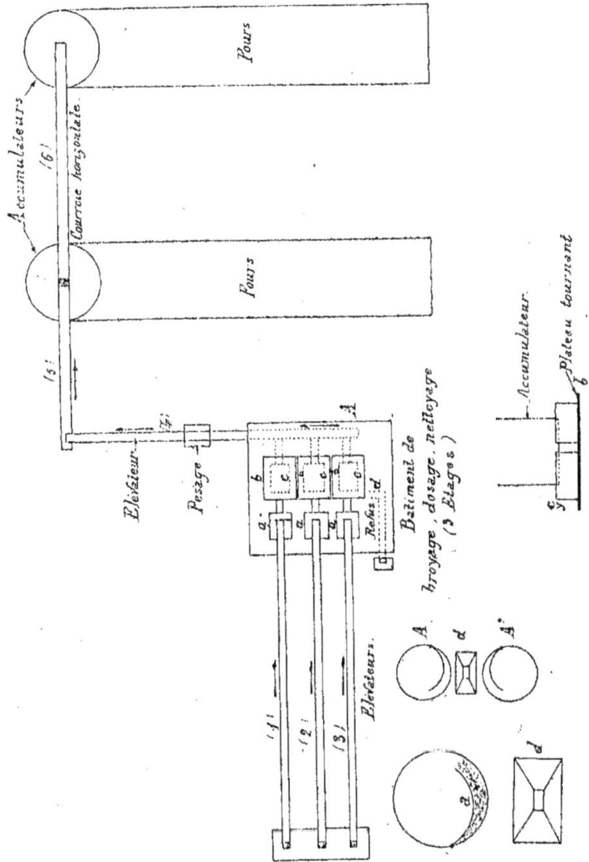

de façon à pouvoir obtenir automatiquement par la suite un mélange en proportion voulue de charbons différents. En général on ajoute un peu de charbon dur dans la proportion de 20 p. 100.

Le charbon descend peu à peu dans l'accumulateur, et se

répand sur un plateau (*b*) où il est maintenu par une partie circulaire en tôle (*c*). Le plateau A tourne à une vitesse constante, en entraînant le charbon ; mais seule la partie qui s'engage entre la tôle et la partie *a* peut être entraînée dans la trémie *d*.

La partie *a* peut être ouverte plus ou moins, en la faisant pivoter autour de sa charnière verticale *o*, et la quantité de charbon peut ainsi être réglée avec la plus grande facilité. Le mélange tombant dans la trémie est donc composé de deux qualités de charbons pulvérisés et en proportions voulues.

La trémie recevant le mélange le distribue sur un convoyeur à charbon (n° 4), qui l'entraîne et l'élève jusqu'aux convoyeurs horizontaux (5) et (6) qui servent à remplir les accumulateurs.

S'il y a excès de charbon broyé, et que les accumulateurs soient pleins, le convoyeur (4) peut mettre le charbon en stock sur le sol au lieu de le distribuer au n° 5.

Sur le convoyeur (n° 4), on a disposé un appareil de pesage à enregistrement automatique, qui indique à chaque instant la quantité de charbon qui a été dirigée vers les grands accumulateurs. La courbe des poids, combinée avec celle des temps, donne exactement le tonnage dans un intervalle quelconque.

Fours a coke. — Le charbon, réduit en poussière, arrive par les deux convoyeurs 5 et 6 et est déversé dans deux vastes accumulateurs correspondant à une travée de fours à coke.

L'ouverture d'une vanne suffit à faire tomber le charbon dans les wagonnets de déchargement, circulant sur des rails au-dessus des fours.

Quand un four a achevé sa combustion on amène devant lui la défourneuse, qui circule également sur des rails longitudinaux. On ouvre la porte du four en l'accrochant à une chaîne qui s'enroule sur une poulie mue électriquement et supportée par le wagonnet de chargement. La défourneuse, mue électriquement par engrenage et crémaillère, refoule le coke sur le plan incliné opposé, et le fait tomber dans un wagon en acier. Dès que le tout a été refoulé, ce wagon est entraîné à l'arrosage où une énorme masse d'eau arrête instantanément sa combustion.

Le chargement du four a lieu par la chute du charbon du wagonnet dans le four, par des ouvertures régulièrement espacées et sans aucun pilonnage.

Le coke aussitôt éteint est envoyé sur des voies de garage, et dès qu'un train peut être formé il est emmené aux aciéries distantes de 4 km. 5.

Les fours sont du type « Didier March » de Stettin et d'après les

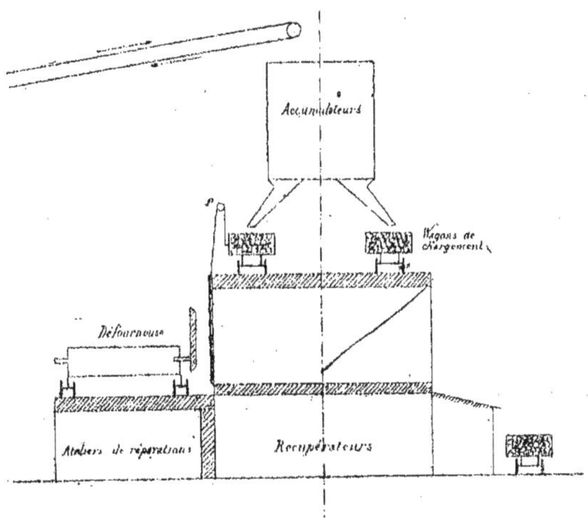

renseignements recueillis, il semble qu'on en soit particulièrement satisfait.

La partie la plus remarquable de l'installation est la manutention mécanique du charbon qui est largement assez puissante pour une consommation que l'on a l'intention de doubler par la construction de deux nouvelles travées de fours d'un type tout à fait récent.

CHAPITRE X

ÉTUDE SUR UNE INSTALLATION TYPE D'USINE A GAZ

Quand on a l'occasion de visiter de nombreuses usines à gaz dans la partie est des États-Unis, depuis le Massachusetts jusqu'à la Pensylvanie, on peut se rendre compte des progrès réalisés à ce point de vue.

La plus grande partie des usines sont vieilles, elles datent d'une trentaine d'années environ ; mais depuis cinq ou six ans, il s'est produit un brusque revirement *grâce à l'introduction des idées allemandes*. Depuis trois ans au moins les marques allemandes disparaissent, et sont totalement remplacées par les grandes sociétés américaines à gros capitaux qui entreprennent très rapidement la construction de nouvelles usines en y introduisant surtout les idées de marche automatique pour supprimer la main-d'œuvre.

Parmi ces sociétés de construction, les plus importantes et celles qui ont apporté le plus d'idées originales sont les suivantes :

1° *Ritter Couley Mfg C°*, Pittsburgh.

2° *Parker Russell Minengand Mfg C°*, Saint-Louis Mi.

3° *Gaz Machinerey C° Cleveland*, Ohio.

4° *United gas improvement C°*, Philadelphie.

La 2° et la 4° semblent être celles qui ont le plus de vogue et d'importance. Elles fournissent facilement des documents généraux sur leurs installations.

Les quelques renseignements suivants peuvent servir à donner la caractéristique d'une installation faite par la *United gas improvement C°*, à Hartford (Connecticut).

Ses fours sont du type vertical de grande capacité; la cornue verticale a une section à la base de 0,455 × 0,76 et à la partie supérieure de 0,305 × 0,555; la hauteur totale étant de 5 m. 70. — Ces cornues sont en général chargées jusqu'à 1 m. 20 de la partie supérieure (espace généralement adopté pour la décomposition définitive des gaz en gaz chimiquement stable grâce à la surchauffe qui a lieu dans cette partie). Dans ces cornues, on a donné moins d'inclinaison à la paroi que dans les fours continus Isbell, et l'on a élargi la partie supérieure afin que la carbonisation et la transformation du coke n'aient pas lieu trop tôt et n'empêchent pas le gaz de passer en donnant alors une trop grande surpression sur la vanne inférieure et en produisant des fuites par le bas.

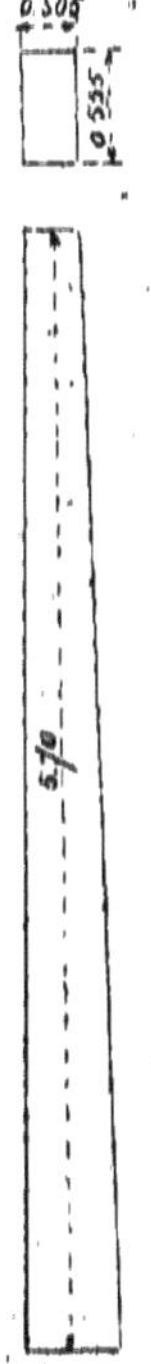

On a disposé trois de ces cornues parallèlement dans une même section transversale et le chauffage a lieu, comme dans les fours Isbell, par une série de courants horizontaux alternés. On emploie dans le foyer du coke rouge sortant des fours; on évite ainsi la perte de chaleur due à l'introduction de coke froid, déjà humide à cause de l'arrosage à la sortie des fours.

La figure n° 2 indique la marche schématique d'une semblable installation. Le charbon est apporté dans la trémie supérieure par un transporteur à courroie ou à raclette d'un type quelconque; on construit en général une trémie contenant suffisamment de charbon pour deux jours de marche. Cette trémie, grâce à des vannes, permet de garnir trois chargeurs correspondant à chacune des cornues. A la base, le coke tombe dans un vaste entonnoir en tôle, d'où il peut être retiré de deux façons différentes indiquées plus loin.

Le foyer est alimenté en coke chaud et encore rouge par un wagonnet circulant longitudinalement au-dessus de tous les foyers.

L'air primaire est fourni à la base de tous les foyers. Les gaz chauds circulent horizontalement en spirale et vont au récupé-

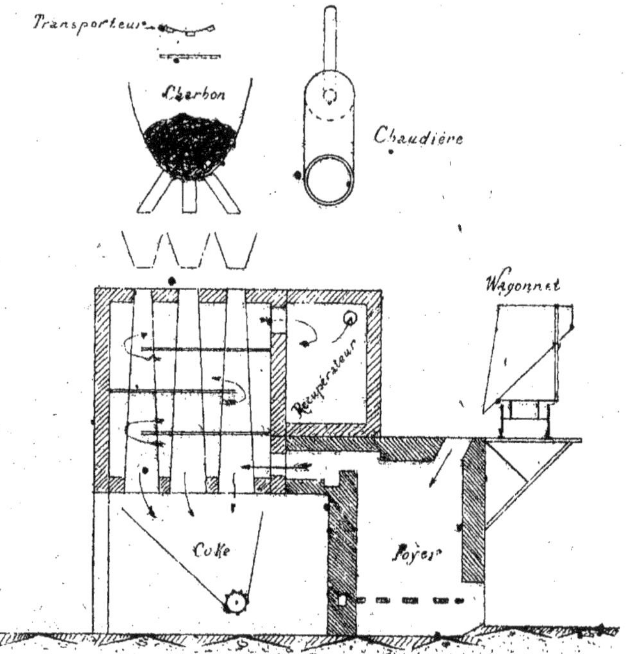

Fig. 2. — Schéma de fonctionnement.

rateur pour réchauffer l'air secondaire que l'on envoie pour compléter la combustion au quart de la hauteur des cornues. Les gaz s'échappant du récupérateur sont encore utilisés dans une chaudière tubulaire inclinée, donnant une puissance quelquefois suffisante pour la manœuvre de toute l'installation mécanique de l'installation.

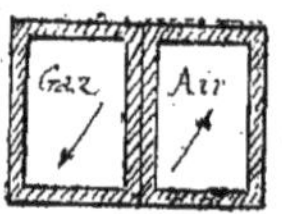

Récupérateurs.

Marche des matériaux. — Le charbon arrive par wagons en (1); après avoir été pesé, on le vide dans la trémie (2) d'où il est repris par un transporteur à courroie (3) qui le débite sur une table à secousse avec grille (4) ; cette table a pour but de n'envoyer au broyeur (5) que le charbon trop gros, la grille laissant tomber le menu en (6). A la sortie du broyeur tout le charbon est reçu dans un transporteur à paniers ou godets (7) et élevé en (8) d'où il est

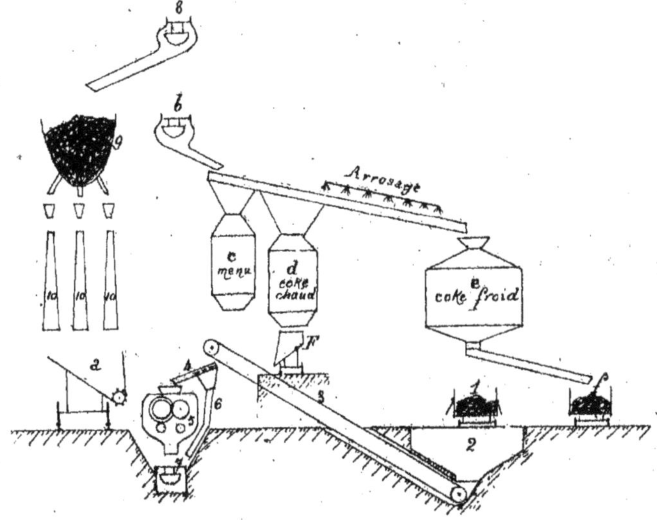

déchargé grâce à un taquet, convenablement placé, qui fait basculer le panier à l'endroit voulu. Le charbon est ensuite accumulé en (9) d'où il est distribué aux cornues.

Le coke est repris en dessous dans un vaste entonnoir en tôle, monté sur un truc, pouvant rouler sur rails. On peut se servir de ce roulement pour emmener le coke dans le cas où le transporteur à godets ne marcherait pas ; mais, le plus souvent, on déverse le coke rouge dans ce transporteur grâce à une roue à dents qui se trouve à la base de l'entonnoir.

L'évacuation du coke étant intermittente on se sert du même transporteur que pour le charbon dont on reprend l'élévation dès que le coke est évacué. On décharge le coke par basculement du panier comme précédemment en B, et il descend sur un plan incliné. Ce plan incliné est tout d'abord constitué par une grille qui laisse tomber la cendre et le menu du coke en poussière en *c*. En *d*, on laisse tomber le coke encore rouge débarrassé de son poussier ; il est repris de cette trémie, en dessous, dans les wagonnets qui servent au déchargement du foyer.

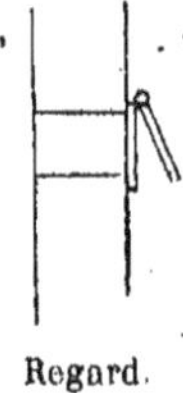

Regard.

Aussitôt après, sur le plan incliné, le coke qui poursuit sa descente est éteint par un arrosage intense avant sa mise en stock dans l'accumulateur *e*, d'où il est repris, suivant les besoins de la clientèle, dans les wagons *f*. A noter que, grâce au type de four employé, on obtient du coke assez dur et de grosses dimensions ; de plus, l'arrosage n'étant fait qu'après la chute des cendres et des poussières le coke est beaucoup plus brillant, et l'on a en outre l'avantage d'avoir des poussières sèches, alors que leur manutention est difficile et désagréable quand elles sont mouillées.

On peut voir par l'ensemble des opérations précédentes que le rôle de la main-d'œuvre est presque totalement supprimé.

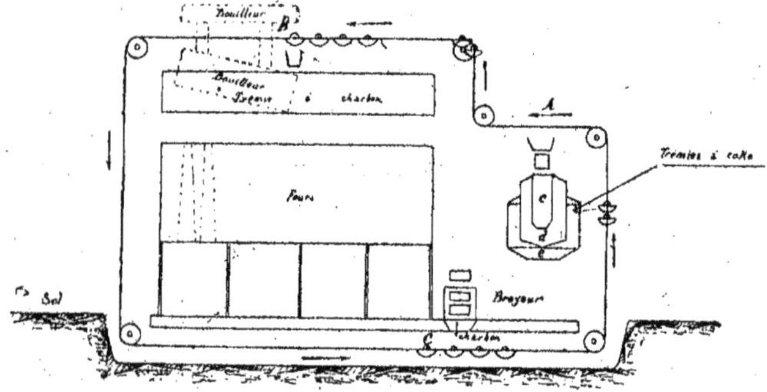

Fig. 4. — Coupe longitudinale.

La coupe longitudinale (fig. 4) par l'axe du transporteur à godets permet de se rendre compte de la marche du charbon.

On voit le chemin suivi par le transporteur *j* : il reçoit en C, soit du charbon, soit du coke ; puis il monte et peut décharger le coke en A, au-dessus des trémies *c*, *d*, *e* ; pour du charbon, au contraire, on le décharge en B. Le transporteur revient en sous-sol.

Le transporteur est du type « Peck Carrier ».

Peck Carrier. — Les caractéristiques de ce transporteur sont les suivantes. Soit une série de godets suspendus par leur axe à une broche munie de deux galets et roulant sur des fers à T. Si on veut obtenir la continuité, comme avec une courroie, pour faciliter le déchargement, on peut munir les extrémités de chaque godet d'une partie en saillie s'emboîtant au-dessus ou au-dessous d'une saillie identique du godet voisin, comme il est montré sur la figure n° 5 page 118 (cette figure montre aussi un changement de direction).

La figure n° 6 page 118 montre de quelle façon on peut soutenir l'ensemble du transporteur sur des supports en fonte et comment, avec des supports, on peut soutenir la partie supérieure servant de trémie, en permettant de charger plusieurs godets à la fois.

Pour opérer le déchargement en un point voulu, il suffit d'interposer un taquet à action plus ou moins brusque; le taquet agit sur une saillie du godet et le fait basculer. On dispose en général cette saillie sur l'un des côtés où elle est rivée ou venue de fonte suivant les cas.

Notice sur la combustion dans les fours. — L'ensemble de l'installation à Hartford est muni d'une double soufflerie mue par une turbine à vapeur (vapeur venant du bouilleur). Cette soufflerie a pour but d'envoyer deux courants gazeux absolument distincts : l'un dans les foyers maintient une pression constante, indépendante des variations atmosphériques (avec compteurs et manomètres); l'autre est un courant d'air que l'on envoie dans les récupérateurs et qui servira à achever la combustion du mélange gazeux.

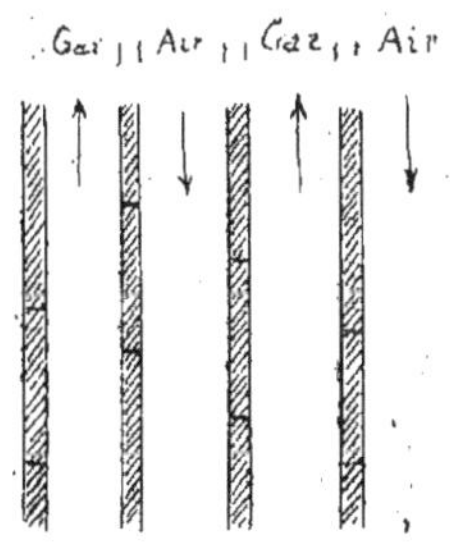

Chacun de ces courants gazeux est contrôlé par des compteurs et des manomètres à enregistrement automatique.

USINE DE DERBY (CONNECTICUT)

On peut, grâce à l'amabilité de M. Askins, ingénieur conseil de la *Haysard C°*, visiter des installations d'usines à gaz offrant un certain intérêt. Celle de Derby représente une des installations les plus modernes à l'heure actuelle.

Le but poursuivi a été la suppression de la main-d'œuvre dans la mesure la plus complète possible.

Arrivée du charbon et mise en stock. — Le charbon peut être reçu par la voie fluviale sur la rivière Connecticut, ou par les voies ferrées de la compagnie de New-York, New-Haven, Railroad C°. L'arrivée par voie fluviale est la plus habituelle.

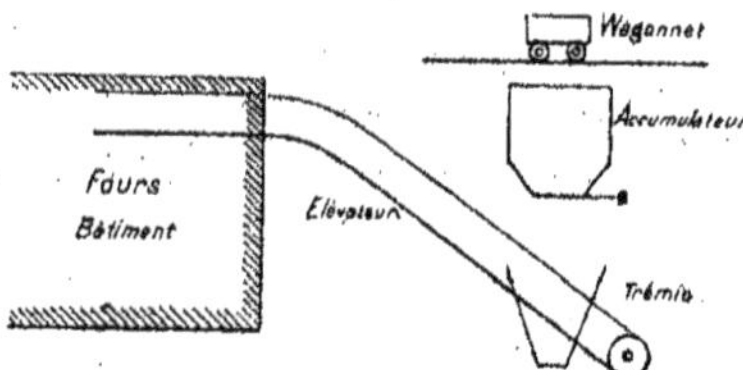

Le charbon arrive par wagonnets du stock ou du bateau, et ces wagonnets sont automatiquement déchargés dans un accumulateur circulaire.

La manœuvre d'une vanne équilibrée permet de faire tomber le charbon dans une trémie, d'où il est repris par un élévateur à palettes qui l'entraîne en haut du bâtiment au-dessus des fours.

Fig. 2.

Élévateur. — Cet élévateur est constitué par des palettes (fig. 2) soutenues par un axe A relié à deux galets G, roulant sur des fers à T de 3 centimètres de hauteur et qui font l'office de rails. Les axes de ces galets sont reliés par une chaîne qui entraîne l'ensemble. Les galets G montent et les galets G' descendent (fig. 3).

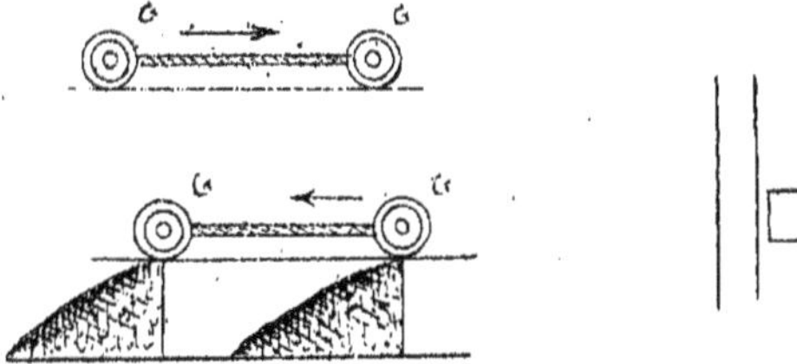

Fig. 3.

Quand l'élévateur atteint la partie supérieure des fours et des trémies qui les surmontent, il avance horizontalement. La partie sur laquelle glisse le charbon possède au-dessus de chaque trémie une ouverture T qui permet à chacune des palettes de se décharger automatiquement dans l'ordre 1, 2, 3, 4...

En effet, quand le charbon a entièrement garni une trémie, son cône d'éboulement arrive à fermer l'ouverture T et oblige le charbon à continuer son chemin jusqu'à l'ouverture suivante. La

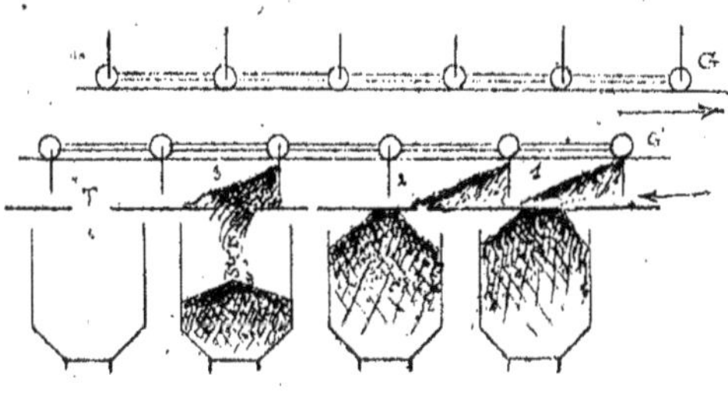

Fig. 4.

figure ci-contre (4) indique que les trémies 1 et 2 sont pleines et que le n° 3 est en chargement. Il en sera de même pour le n° 4 quand l'ouverture T correspondant au n° 3 sera obstruée.

On voit donc que le chargement de ces trémies est absolument automatique, et ne nécessite aucunement la présence d'un ouvrier.

Installation des fours. — Les fours de cette installation ont été construits par la Compagnie Isbell Porter de Newark (New-Jersey). Le tout est compris dans un bâtiment en briques avec charpente en acier. Le bâtiment comprend quatre étages de planchers métalliques en tôle.

Marche du four. — 1° *Marche du charbon.* Comme nous l'avons déjà dit, le transporteur à palettes charge successivement toutes les trémies. Chacune des trémies correspond à deux fours dans le sens transversal; au bas de chacune des trémies se trouve pour chacun des fours une roue à palettes tournant d'un mouvement régulier, et qui envoie le charbon dans la cornue verticale d'une façon automatique. Le réglage de la vitesse peut être fait une fois pour toutes.

Arrivé dans la cornue verticale le charbon est peu à peu échauffé, et à mesure qu'il descend, son volume augmentant, les dimensions de la cornue augmentent pour assurer sa descente d'une façon certaine.

Au point de vue de la formation du coke, prenons une section de la cornue, et voyons ce qui se passe. Le charbon touchant les bords est le premier chauffé et le premier transformé en coke, le gaz produit d'une façon progressive a toute facilité pour être évacué, car il passe par le centre de la cornue où il y a encore des blocs de charbon.

Peu à peu l'épaisseur de la couche de charbon diminue et la chaleur est réglée au foyer, de telle sorte que l'évacuation du gaz d'éclairage qui a toujours lieu par le centre, ne soit jamais entravée.

Le coke formé descend peu à peu, se refroidit, et est entraîné par un eseconde roue à palettes qui le déverse dans une poche en tôle hermétiquement fermée, où il se refroidit totalement. A intervalles réguliers, quand cette poche est pleine, on déverse le coke dans un wagonnet par la simple ouverture d'une porte équilibrée.

Marche des gaz. — Le coke servant au chauffage des cornues

est amené par un monte-charge électrique jusqu'au plancher de chargement, de là il est déversé selon les besoins dans les foyers.

Les foyers sont munis de grilles inclinées à l'avant, rendues

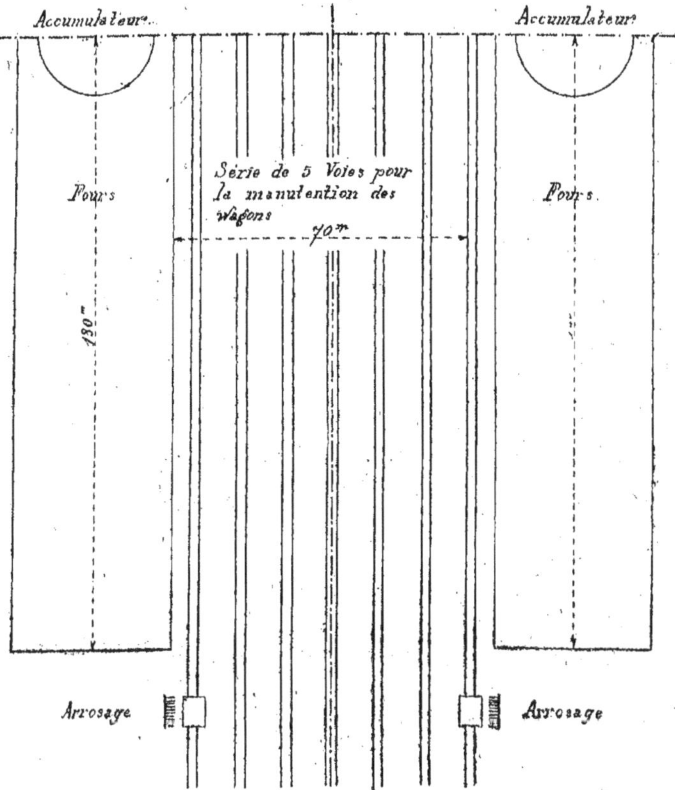

toutes solidaires par une barre latérale qui leur donne la même inclinaison ; de même en dessous, la grille entière est reliée à un cadre mobile sur galets. En avant de la batterie des fours se trouve un axe tournant avec une vitesse réglable, actionnant une série d'excentriques correspondant chacun à un foyer. Cet excentrique a pour but d'agir sur les arbres latéraux et sur le cadre mobile de

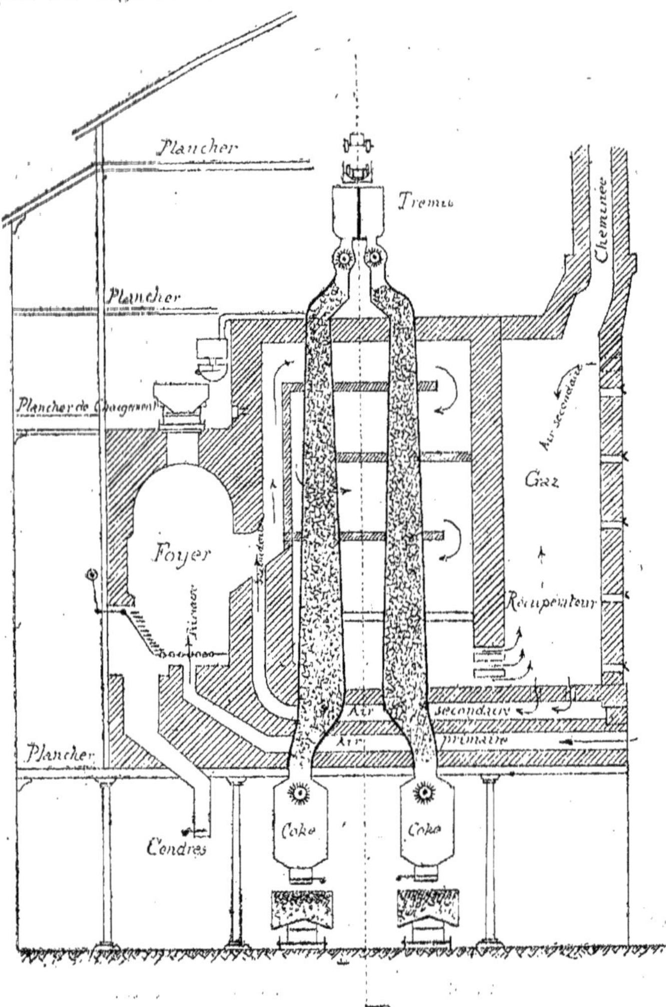

la grille inférieure afin d'imprimer à l'ensemble une secousse qui fait tomber les cendres en avant et en dessous.

Le tout est réglé et ne nécessite la présence d'aucun ouvrier.

Les cendres tombent dans une poche en tôle où elles se refroidissent et d'où elles sont emportées comme le coke dans des wagonnets.

L'air nécessaire à la combustion dans le foyer arrive par une conduite dite « conduite d'air primaire ». Les gaz produits par la combustion et sortant par le carneau, contenant encore des gaz non brûlés, sont entièrement brûlés par une deuxième vague d'air dit « air secondaire » arrivant au niveau du carneau.

La combustion totale des gaz peut donc avoir lieu sans déperdition de chaleur. Les cornues sont chauffées par une série de courants de gaz chauds, circulant autour d'elles de bas en haut et les gaz encore chauds partent vers le récupérateur pour chauffer le courant inverse d'air secondaire.

Dans la seconde partie des batteries, les gaz sont encore utilisés pour le chauffage des bouilleurs semi-tubulaires avant d'être abandonnés à la cheminée.

CONCLUSION

De toute cette étude, aussi sommaire qu'elle puisse être, il résulte clairement que l'effort de M. Taylor a été un des plus grands qui aient jamais été entrepris *contre la routine humaine*. Il est équivalent à la plus grande des découvertes en ce sens que c'est un effort gigantesque contre les idées qui prévalaient dans toutes les usines du monde. Il semblait que la production humaine avait atteint son maximum; Taylor est venu et il a forcé les gens à réfléchir. Il les a réveillés en leur montrant que, grâce à un peu de réflexion et de méthode, cette production pouvait être encore considérablement augmentée.

Le triomphe de cette méthode est d'avoir fait son chemin à travers le monde et d'avoir rappelé à tous les producteurs, que leur production est inférieure à ce qu'elle devrait être et que *l'insouciance et le manque de réflexion en sont les causes principales*.

Nous en sommes à une période industrielle telle, que la concurrence deviendra de plus en plus menaçante. C'est une question de vie ou de mort. *On se débattra au milieu de la concurrence et on tentera de se dégager honorablement de la lutte, grâce à la pression des capitaux et grâce à la lutte commerciale accentuée encore par le trafic des commissions et grâce à la lutte des spécialités*. Mais personne ne s'est encore rendu compte que, quelle que soit la branche de l'industrie dans laquelle on travaille, c'est par l'organisation, par la coordination des efforts, et par la méthode, qu'on doit sortir vainqueur de la lutte. C'est là, que réside le plus grand facteur, le facteur primordial de la lutte industrielle, lutte qui n'en est d'ailleurs qu'à son début et qui ira grandissant en puissance et en amplitude dans le monde entier.

Un détail qui illustrera facilement cette théorie et que l'on peut puiser dans tous les exemples de la vie industrielle actuelle est celui des situations comparées de l'ingénieur et des directeurs d'affaires.

A part quelques rares exceptions concernant des ingénieurs éminents, des inventeurs, des savants, quels sont les hommes qui, à l'heure actuelle, détiennent dans leurs mains la puissance industrielle ? Quels sont ceux qui d'une façon générale ont accaparé l'admiration publique (à tort ou à raison d'ailleurs) ? La balance penche de plus en plus du côté de *l'organisateur*, de celui qui sait étudier les questions générales, qui sait coordonner la pratique avec la théorie, qui dirige son affaire *méthodiquement*, en considérant les questions d'atelier, les questions commerciales et les questions financières comme étant d'égale importance.

C'est ce type d'homme qui, seul, peut devenir un homme d'affaires, c'est lui qui peut lutter dans les marchés du monde et qui peut donner à son pays l'influence qu'il mérite.

Que devient donc l'ingénieur dans cet état de choses? Il perd un peu de son ancien prestige en tant qu'ingénieur, à savoir que, s'il est simplement technicien, il restera un rouage de l'industrie.

Ce phénomène est déjà bien connu, et il est malheureusement trop d'industries où, pour un oui ou pour un non, on se prive des services d'un bon ingénieur tandis qu'on fera des bassesses pour conserver un bon directeur. Il est regrettable que, parfois, on aille jusqu'à mépriser le rôle personnel du technicien, mais il faut reconnaître que, dans l'industrie, l'ingénieur n'est qu'un rouage important de la fabrication et qu'à lui seul, il serait insuffisant.

Il faut au-dessus de lui, un *exécutif*, un homme qui dirige méthodiquement toutes les opérations ; il faut que cet exécutif soit un organisateur et, par là même, un chef et un producteur.

L'exécutif n'invente pas, il produit, et ce seul mot résume l'industrie actuelle. Il faut produire.

La France est, peut-être, de tous les pays du monde, celui qui contient le plus d'intelligences, le plus de capacités. Ces qualités ont été, jusqu'à présent, dirigées vers des études théoriques et spéculatives, grâce à nos grandes écoles. Il faut conserver à tout prix cette haute culture générale, mais *il faut créer chez nous la notion de production. Il faut que nos milliers de jeunes ingénieurs sachent que, s'il est bon d'être ingénieur pendant un certain temps, il faut devenir un organisateur, c'est-à-dire un chef et un producteur.*

Il n'est pas besoin d'être ingénieur pour devenir un exécutif, et on trouverait, en France et en Amérique, des affaires puissantes dirigées par des avocats et des médecins qui ont su s'imposer par leurs dons d'organisation et de production. Cependant, si tous les ingénieurs français, les plus cultivés du monde entier, acquéraient ces notions d'organisation et de production, ils deviendraient les maîtres de ceux qui, malgré leurs facultés exécutives, n'ont pas de connaissances scientifiques.

Il faut donc que l'intelligence française ne soit plus exclusivement appliquée aux questions spéculatives, aux élégantes solutions scientifiques, il faut qu'elle devienne *essentiellement productive*, et, à ce point de vue, les idées de M. Taylor peuvent lui rendre les plus grands services.

TABLE DES MATIÈRES

QUATRIÈME PARTIE

ÉVREUX, IMPRIMERIE CH. HÉRISSEY.

ÉVREUX, IMPRIMERIE CH. HÉRISSEY

www.ingramcontent.com/pod-product-compliance
Ingram Content Group UK Ltd.
Pitfield, Milton Keynes, MK11 3LW, UK
UKHW020950230726
13923UKWH00007B/219